想 象 之 外 · 品 质 文 字

北京领读文化传媒有限责任公司 出品

MBA
轻松读
第二辑

领导力

日本顾彼思商学院（GLOBIS）——著
邓伟权——译

リーダーシップ

北京时代华文书局

图书在版编目（CIP）数据

领导力 / 日本顾彼思商学院著 ； 邓伟权译． -- 北京 ： 北京时代华文书局， 2020.2
（MBA 轻松读． 第二辑）
ISBN 978-7-5699-3510-3

Ⅰ．①领… Ⅱ．①日… ②邓… Ⅲ．①领导学 Ⅳ．①C933

中国版本图书馆 CIP 数据核字（2020）第 009144 号

北京市版权著作权合同登记号 字：01-2019-8066

MBA 轻松读：第二辑

MBA QINGSONG DU DIERJI

领导力

LINGDAOLI

著　　者｜日本顾彼思商学院
译　　者｜邓伟权

出 版 人｜陈　涛
选题策划｜领读文化
责任编辑｜张彦翔
装帧设计｜刘　俊
责任印制｜刘　银

出版发行｜北京时代华文书局 http://www.bjsdsj.com.cn
北京市东城区安定门外大街 136 号皇城国际大厦 A 座 8 楼
邮编：100011　电话：010－64267955　64267677
印　　刷｜北京金特印刷有限责任公司　电话：010－68661003
（如发现印装质量问题，请与印刷厂联系调换）
开　　本｜880mm×1230mm　1/32　印　　张｜11　字　　数｜250 千字
版　　次｜2020 年 9 月第 1 版　印　　次｜2020 年 9 月第 1 次印刷
书　　号｜ISBN 978-7-5699-3510-3
定　　价｜62.00 元

前 言

2006年4月，钻石社出版了《领导力》一书，本书是为适应社会环境的变化而推出的全面修订版。

不仅仅是在企业经营中，即使是在社会生活中，领导力也是近在身边的话题。与此同时，因为它是研究复杂的人的心理与行为的科学，其中自然包含着高深难解的问题。事实上，领导力的把握方法反映着时代状况和社会环境，其本身也在不断变化和发展。这次修订的目的在于对包括最新趋势在内的、从过去到今日的领导力的变迁进行全面和系统的整理，以及为此后观察持续变化的领导力提供应予注目的视点。

另外，人身处领导力中时而主动时而被动的机制，单靠头脑理解是不充分的，将其自然地转向行动，方能使实践产生意义。必须以阳明心学中的“知行合一”为目标。以此之故，在编写的过程中，为促使读者将问题放到自身来思考而重新考虑了体裁的安排，这也是此次修订的另一个目的。

为实现这一系列目标，本书正文由“理论篇”和“实践篇”两部分构成。

一、第1部理论篇

第1章“领导力理论的变迁”，从历来研究的中心——领导性格理论开始，逐个介绍了注重行为的行为理论、因集团所处状况的激发始得产生的适应条件理论、着眼于领导和追随者关系的交换理论，进而解说了20世纪80年代以后因企业被要求变革而产生的变革后的领导力、着眼于推动组织的大义即伦理观的仆人式领导力、真正的领导力。

接下来的第2章是“与领导力相关联的组织行动”，它陆续解说的是诸如此类的问题：领导具有的力量的源泉对人的心理造成了怎样的影响？作为优秀的追随者行动和成为领导的必要条件有何关系？网络的构筑力和领导力的发挥有何关联？与平时相比较，对非常时期的领导力而言，何谓必要之物？

环境变化过于激烈以致我们看不清未来：网络基础设施的普及使信息的非对称性日益减小、SNS（社会性网络服务）等能够让网络信息呈几何级数扩散……在这些社会状况下，我们在上一段提出的那些问题，为我们思考如何把握领导力为宜这一核心问题提供了启示。关于这一点，也恳请诸君思考。

在第3章“开发领导力”中，我们论述了关于领导成长过程的研究、像企业和大学那样把领导力开发体系化的方法，进而论述了以教养学科的必要性为首的今后领导力开发的方向。

二、第2部实践篇

如何将在第1部“理论篇”中学到的思考方法落实到行动中进行实践？我们通过第4章“打磨领导力”和第5章“发挥领导力”分别予以展示。

在第4章“打磨领导力”中，我们确认了行使领导力之前的几个基本步骤：描绘应有姿态、客观看待当下的自我、填平差距。

在第5章“发挥领导力”中，我们展开了能让人意识到实践中的难点的解说，按照让人容易理解的顺序行文，在过程中引人思考，从目的、目标的明确化与共有谈到制定计划，再谈到实行、复检。

实践篇各章的案例中，我们试图再现“微型版”的顾彼思实际授课。正因为领导力和人有关系，即使在头脑中能够理解，一旦转入实践和行动，就会直面诸多难点。但是，认为仅仅理解了理论就万事大吉的学员不在少数，这也许是受到了以学习知识为主的日本学校教育的影响吧。

在经营现场，不思考“直面现实的难点，自己如何进行突破”就会徒劳无功。因此，要点在于如何将这个自己内省的过程“组装”进学习之中，这也是我们在运营为数众多的讲习班中常常反复研究的问题。

顾彼思在关于领导力的讲习班中，常常抛出促使学员思考的问题，一部分问题在微型课堂中也予以介绍，特别希望诸君思考的论点，我们特意用♗符号加以标注。不用说，再现生动的课堂有其限度，无论如何，希望读者一边自问“如果是自己的话，会如何处理”一边阅读本书。

本次改版，我们参考了很多读者对旧版《领导力》的反馈之声和参加了学院、企业研修的学员的反响和意见。

最后，对协助完成修订版的诸位表达我们的谢意。本书的内容，是在学校和讲习班开设的领导力 - 组织行为学课堂上进行认真讨论的基础上打磨出来的，要对迄今为止参与过讨论的全体授课教师、学员和运营人员表示感谢。还有钻石社编辑部的副主编前泽先生，对本书提了诸多宝贵意见。顾彼思长期从事出版的嶋田毅在企划成书的阶段几度与我们交换意见，撰写之际也随时提出建议。借此机会，再次对他们表达我们的谢意。

哪怕能够让多一个人阅读本书、能够在领导力开发与实践中尽绵薄之力的话，都会让作为著者的我们喜出望外。

顾彼思商学院

目 录
CONTENTS

第 1 部

理·论·篇

第1章

领导力理论的变迁

第1章的概要与构成

一、概要

所谓领导力到底是什么呢?

尽管可能对此没有明确意识，但我们人类自古以来就一直和领导生活在一起。地球上几乎所有的部族都有自己的首领，随后治理地域和国家的人物也登场了。由宗教等精神上的联系构成的集团之中，以及集团内部的战争现场，都有起中心作用的人物。

人们把怎样的人物称为领导呢？还有，成为领导之时，他如何行动才能让人们追随他呢？答案不止一个。在时代穿梭交替的过程中，产生了各种各样的想法，不同的想法并存于世，现在仍在不停流变。

为思考何谓适合于生活在现代的我们的领导力，首先让我们回顾领导力论的历史，概观在时代的变化中，人类对此问题在怎样的范畴进行了怎样的探讨（图表1-1）。

二、要点

（一）领导共同的特性是什么——领导性格理论

早先的领导研究多以国家层面的政治家和职业军人为主要对象，来论述此类人物共通的资质和属性。进入20世纪，心理学的见地开始得到应用，侧重于把握每个人的气质和特性，摸索人物生动的道路。

（二）领导应采取的行动——行为理论

被称为“行为理论”的一系列研究着眼点不在领导的资质和特性，而在于他们的行动。主要有三隅二不二的《PM 理论》和布莱克与莫顿合著的《管理方格》。这不是面对“一小批非凡的人物”，一般人也容易适用的领导论开始登场。

（三）适合的领导形象因环境条件而变化——情境领导理论

“不存在普遍有效的领导的行动，适合的领导的行动因集团所处的状况和条件而变化”，在这一假说的基础上，菲德勒、赫塞和布兰查德等人展开了研究。这些研究被归分为“情境领导理论”。

（四）注目于领导与追随者关系——交换理论

不仅仅注重对领导个人的分析，着眼于领导与部下（追随者）的关系的研究出现了。霍曼斯、蒂博和凯利等人从社会交换理论的观点

图表 1-1 领导力论的概观和本书的构成

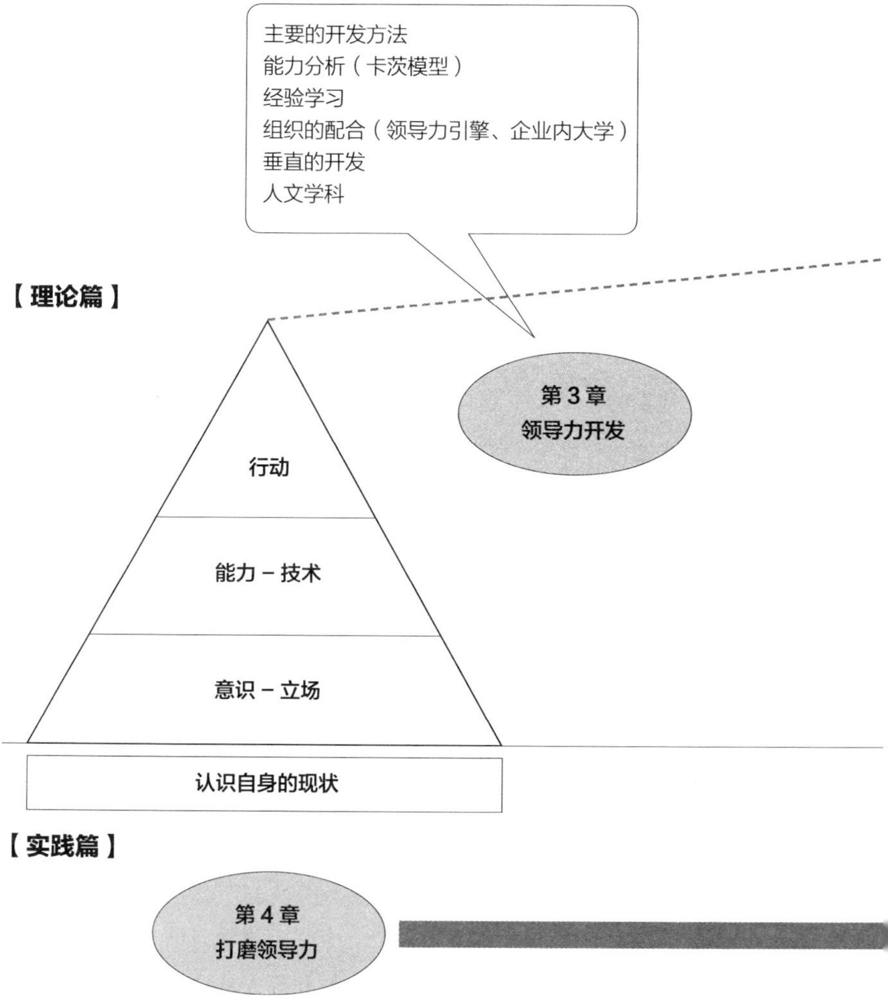

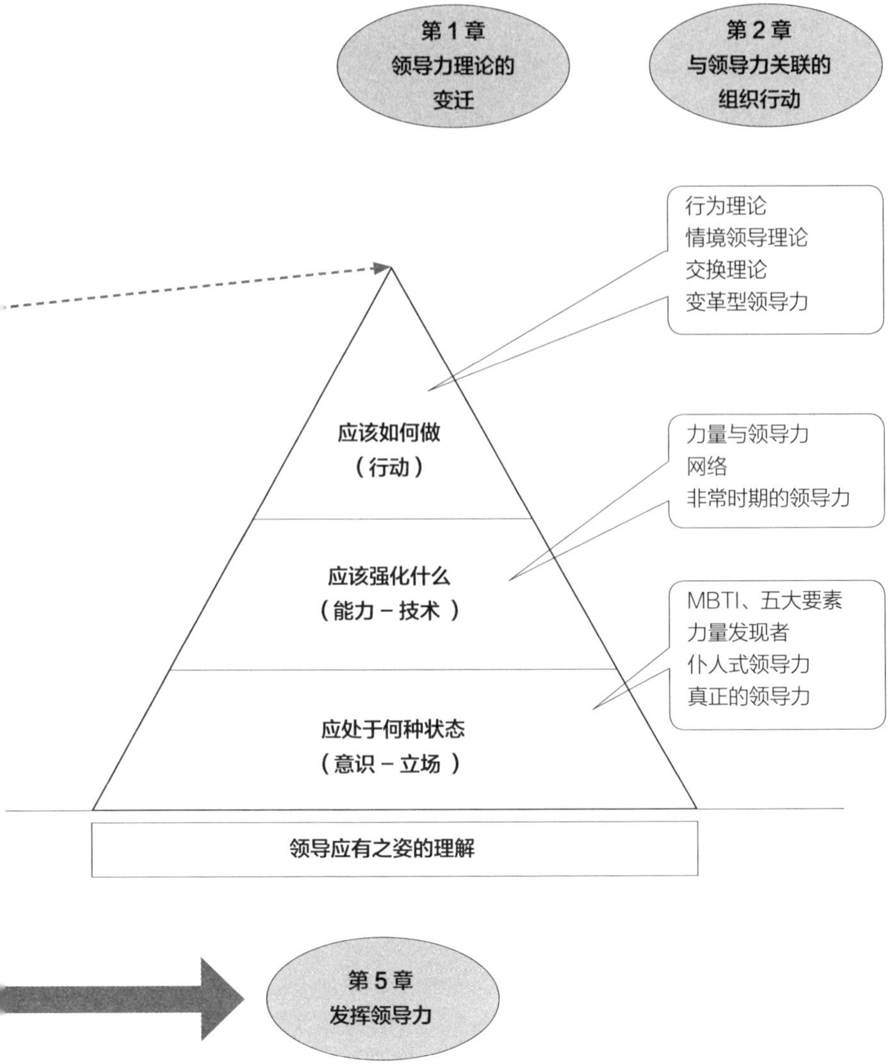
第1章
领导力理论的
变迁
第2章
与领导力关联的
组织行动
行为理论
情境领导理论
交换理论
变革型领导力
应该如何做
（行动）
力量与领导力
网络
非常时期的领导力
应该强化什么
（能力－技术）
MBTI、五大要素
力量发现者
仆人式领导力
真正的领导力
应处于何种状态
（意识－立场）
领导应有之姿的理解
第5章
发挥领导力

来把握领导力，赫兰德则着眼于信赖性的积累。另外，因为领导和追随者的关系也随着状况的变化而变化，以此为分析框架的LMX理论也登场了。

（五）何谓变革组织的领导

主要从20世纪80年代以后，企业面临着除变革外别无出路的局面，这样，诸如何等人物能够领导巨大的组织变革、怎样推动组织才能够进行变革这样的问题就成为巨大的课题，个人魅力型领导和组织变革的步骤等也被纳为研究对象。

（六）基于伦理观的领导力论

在推动组织方面，关于应显示怎样的动机、大义渐渐成为考察的焦点。在今日，比起过于固执于利益和成长，以更高层次的伦理观为基础的仆人式领导力和真正领导力的概念得到重视。

领导共同的特性是什么——领导性格理论

案例

“下周就要奔赴外地的新岗位了……”

尽管在同僚为其举办的壮行会上喝了大量的啤酒，浅川大辅却醉得心情愉快，只是感到不知道把身体往哪里搁。深夜，一上开往自己家的出租车，他就歪在座位上，长叹一口气，嘟嘟囔囔道：“自己真能胜任这个工作吗？”

浅川今年33岁。大学毕业后，他进了综合商社中的中坚企业东城商事，在名古屋分公司零售部门开始了自己的职业生涯，累积经验后，调到东京总公司的粮食本部，现在从事水产品的销售（营业）工作。开始的时候，浅川跟着前辈和大型餐饮连锁店和水产加工公司等客户打交道，每天前辈与客户商谈的时候也让他一起出席，渐渐就掌握了和客户建立关系的技巧，于是开始单飞，现在单独管理部门的重要客户大手食品加工公司。

浅川所在的科有10名正式员工，科长木村友昭管理着8名营业员和1名后勤。浅川尽管还没有编制上的正式部下，但作为科长的辅佐支持木村工作，也尽心指导新入职的员工，每天忙得不亦乐乎。

日子就这样一天天过去。突然有一天，他接到了木村的紧急呼唤。

“浅川，可以来一下吗？有重要的事……”

在木村的催促下，浅川进入会议室，他发现大井部长已等待多时。

“浅川君，事情比较仓促，下个月能否到北武商店去任职？有非你不可的工作需要做。”

看着浅川对突然的异地任职感到惊讶，木村接着大井部长的话茬说：

“我想这对你来说也可能是个好机会，所以在和部长谈话的时候就推荐了你。”

事情的原委是这样的。北武商店本来是私铁集团持有的关东地区的食品超市，这个超市因经营不善，在10年前被东城商事收购了。粮食本部和这次收购关系很深，从部内派出数名员工去拓展商店的经营。但是，本来就有雷曼兄弟集团破产冲击所造成的打击，加之其后施行的政策获得了适得其反的效果，商店的经营进一步恶化了。因此，今年和社长的更换相配合，从粮食本部又新派了数名员工到商店，绘制了谋求真正再建经营的脚本。

“我从木村科长那里听说浅川很努力，因此派你作为科长去北武商店的经营企划部门。你会有10个部下，希望你能迅速提取课题，提高经营效率，我很期待。”

浅川甚至都没有在头脑中整理一下思路的时间，回答道：“好的，好的。一定努力！”

一走出会议室，木村就拍了拍浅川的肩膀。

“浅川，努力吧。下个月你也是科长了。在北武尽情发挥领导力吧，好不好？”

“好的。谢谢！”

尽管回答得干净利落，一抹不安还是掠过浅川的心头。

“即使这样说了，但到底做什么、怎样做才好呢？领导力这东西，我还不懂啊……指导后辈的话倒是以前做过，这次可不是在那个层面上的啊……”

就这样，在还没完全理解现实的状态下，时间一点一滴地过去，马上这周过完就要转职到北武商店了。

“领导是啥呢？”

浅川回到家里，静静坐在客厅沙发上，为下周的事思考得头脑发呆。自己虽然也想过数年之内会升职到科长，但没想到的是会升得如此突然，而且要赴任的地方竟然是个拥有10个部下的部门。浮想到同期的成员，除了几名赴任海外，担任一个组织单位之长的人确实凤毛麟角。东城商事大概也不例外，近年持续采用抑制新人的方针，公司内的“人口金字塔”都变形了。

领导到底是什么呢？适合当领导的人物，说的是什么样的人呢……这时候，浅川的头脑里浮现出外祖父的容颜。运营一个小建筑公司的外祖父，确实是中小企业的总经理这个类型——身材高大、嗓门儿也大。因为距离家里近，所以小时候有时会去外祖父的公司玩儿，性格豪放具有个人魅力的外祖父一进公司，公司内立即弥漫着一股坚毅果敢之气。

“不，不，我可成不了外祖父那样的人”浅川摇摇头，外祖父的容颜在脑海里消失了。

那么，距离自己最近的领导，木村科长怎么样呢？木村是非常聪明和蔼的类型。他性格温柔，待人接物得体且具有超群的思考能力和谈判能力，能为重要的客户企业提出优秀的提案，接连接到大的订单。在预见性方面，木村与其他部长和职员相比也有让一子的实力，在最短的时间内就升职到科长，深受上级的信任，传言来年要进入联合承包方的经营阵营。浅川又叹了一口气：“无论如何努力，我也成不了木村科长那样的人啊。”

反观自身，似乎没有外祖父和木村科长作为领导那样的特性。这样的自己，团结10个部下、运转谋求重振经营的重要部门这样的难事，真的能做到吗？

理论

优秀的领导是怎样的人物？与领导以外的人的区别在何处？思考这一问题之时，我们首先的着眼点是：优秀的领导具有怎样的特性和资质。

一、研究领导的主流——领导性格理论

在举例说明率领人们的人物之时，治理国家和领土的君主和统治者

是被视为典型的。例如，在以孔子为顶点的儒家观念中，尧、舜这样传说中的君主是被视为理想的领导形象的。两人都十分睿智，实行美善之政，对民宽厚仁爱、孝双亲、重礼义，深得人们信赖，也就是说，是生而具有德行的人物。另一方面，在西洋，柏拉图在其著书《理想国》中这样叙述这种德行："作为统治者的应该是能够理解善的理念的哲人。"他还说，并不是谁都可以成为哲人王的，只有在一切方面都优秀的被选拔出来的人才才适合当哲人王。

另一方面，对作为领导的应有姿态，也有人从与德行稍有不同的侧面予以考虑。谈到统治者就想起"英雄"这个词汇的情况也不少。例如，一度统治从欧洲到小亚细亚、北非的亚历山大大帝如何呢？他在家庭教师亚里士多德的教诲下，具有很高的才智，亲自在最前线与敌战斗，尽管多次面临危险，还是为马其顿军队连续带来神一样的胜利。他还精通医学，在战地为伤兵治疗，采取了在占领的异国土地输入希腊文化的同时也保留当地文化的融合政策，显示了博大的胸襟。就这样，亚历山大大帝在拥有超越常人的能力之外，还拥有个人的魅力，人民狂热地支持他，留下了无数传说。

还有，孙子在《孙子兵法》中说"将者，智、信、仁、勇、严也"，论述了领导应该具备的资质。智、信、仁，与儒家所说的德行重合，如此还不够，在此基础上，再具备"勇猛果敢地进攻，有时能够进行有勇气撤退的判断力""不仅有同情心，时而严罚，使尽赏罚之力"的人物才能成为优秀的领导。

在“极为冷静地直视、判断现实并迅速地转向行动之力”这一点上，马基雅维利也有牢不可破的信念。他在《君主论》中，以教皇之子恺撒·博尔吉亚为典型，使用“力量”这一词汇，将君主应该具有的资质定义为“应该狡猾如狐狸，勇猛如狮子”。

以这种沿着历史之河的方式，19世纪的哲学家托马斯·卡莱尔在《论英雄和英雄崇拜》一书中，列举过去种种英雄和伟人的人物形象，得出只有拥有优秀特质的人物才能成为领导的结论。他的伟人说在其后很长时间成为人们考虑领导论的出发点。

案例中的浅川也从“怎样的人物适合当领导”这一问题出发，首先描述了“身材高大、声音洪亮、性格豪放且具有个人魅力”的外祖父和“性格温柔、擅于待人接物且思考力和交涉力超群”的木村科长，对不具有这样特性的自己感到不安，可以说是从朴素的领导观引出的联想。

二、科学研究资质，发现领导

一迎来20世纪，心理学领域的研究中产生了一个伟大的革新。1905年，法国心理学家阿尔弗雷德·比奈与其弟子提奥多·西蒙成功地测定了人之间的能力差距，这是今日所说的智力测验的开始。以此为契机，试图科学解明个人的差异的研究纷至沓来。对率领人们的成功人士，即领导的调查也成为研究的对象。因为如果能够明确当领导的人的资质且能够科学地测定其能力的话，通过让这种资质高的人当领导，就可以期待集团的业绩提升。

这样，从20世纪初到第二次世界大战开始前后，人们进行了用科学的方法发现伟大的领导共同的特性的尝试（详情后述，从第二次世界大战期间到战后，因为军界和企业界的需求，人们的关心重点从选定具有领导资质的人物的方向，渐渐转到把人们培育成领导的方向）。

1948年，美国的心理学家拉鲁夫·斯托古迪尔进而对有关领导的特性进行了广泛的调查。他调查的特性不仅包括身高、体重、体格等外在的东西，还包括智能、辩论能力、判断力、耐力、社交技巧等诸多特性，可谓将特性网罗殆尽，最后收集了124个调查结果。对调查数据分析的结果是，在智力、学习能力、履行责任的可信赖度、活动和社会参与、社会经济地位等方面，被认定为领导的人比没有被认定为领导的人在某种程度上优秀。

但是另一方面，也说明了这一点，即仅仅从个人的特性来说明领导力的发生，并预想具有该特性的人就会成为领导是不充分的。有些学者从长年的调查结果注意到，仅仅用人的资质和特性无法说明领导力，此后他们的探索之舵毅然转向其他方向。

三、将人格研究应用于领导力开发

但是，如上所述的将研究焦点置于领导特性的领导性格理论本身却并未完全失去支持者，探究明了领导特有性质的尝试在其后也不绝如缕，并作为“人格研究”确立了一个领域。

1962年，在美国诞生了以瑞士心理学家卡尔·荣格的类型论为基础的MBTI（人格理论）。这个理论模型试图通过将个人类型化予以把握，它把个人分为16个类型，而类型的划分是从4个指标出发的。这4个指标是将荣格的“对事物的看法”（直觉还是感受）与“判断方法”（思考还是感觉）以及“兴趣关心的方向”（内向还是外向），加上“与外界的接触方法”（判断的态度还是知觉的态度）构成的。此调查法并不与领导论直接相关，但从以创立世界级企业的13位领导为对象的调查中可以判明，13位企业家全部属于“直观的思考家”类型。

1990年前后，出现了“五大要素论”这一新理论。根据此理论，据说构成个人人格基础的是“外向性”“擅于待人接物”“诚实”“情感稳定”和“对经验持开放态度”这五大基本要素。

具体来说，社交能力强的人和健谈的人可以把握为具有很强的“外向性”的要素。同样地，“性格温和、亲切”和“擅于待人接物”要素，“责任感强、可以信赖”和“诚实”要素，“冷静、热心”和“情感稳定”要素，“想象力丰富、富于艺术感”和“对经验持开放态度”要素具有对应关系（关于各要素的例子，请参照斯蒂芬·罗宾斯著《组织行为管理：从入门到实践》）。

五要素当然也各自有否定的表现。例如“谨慎”和“外向性”，“无责任”和“诚实”，“神经质”和“情感稳定”，就是否定方面对应要素的情况。

以这五大要素模型为基础的调查进展结果表明，这些人格要素与职务业绩之间确有关系。

例如，在以“专业人员”“警官”“经理”“销售员”和“熟练半熟练工人”五大职业群体为对象的调查中，我们可以发现，无论在哪个群体中，“诚实”的分数与职务业绩相关，而且在“销售员”和“经理”的群体中，有“外向性”程度高的人职务业绩也好的倾向。

图表 1-2 34 种资质的分类

执行力的资质	影响力的资质	人际关系构筑力的资质	战略思考力的资质
• 安排	• 活力	• 思考命运	• 学习欲望
• 恢复志向	• 竞争性	• 易与他人产生共鸣	• 原点思考
• 有规律	• 沟通能力	• 个别化	• 收集欲望
• 公平性	• 追求卓越	• 亲密感	• 战略性
• 慎重	• 自我	• 促进成长	• 构思
• 信念	• 自信	• 亲和力	• 内省
• 责任感	• 善于社交	• 适应性强	• 分析思考
• 达成欲望强	• 不容置疑	• 宽容	• 面向未来
• 目标指向		• 积极向上	

出处：汤姆 · 拉斯、巴利 · 昆奇《力量领导力》。

在近些年，站在人应该发展强项这一积极心理学立场上，诊断个人特性的工具登场了。作为代表的“力量发现者”之中，列举了34种资质群，只要回答180个问题，就有机制选出回答者排名前五位的资质（图表1-2）。

就这样，加上心理学的见解，对个人的特性进行种种分析并探究其与领导力的关联的研究现在令人瞩目。在实务中，也像第3章解说的那样，“把握自己的特性”已固定为领导力开发的一环。

四、总结

在人格等方面具有某种超出常人的长处的人能够成为统帅多人的领导这个说法，作为实感具有很强的说服力。进一步推进议论，在种种可以分析人的性格的切入点中，鉴定“此人适合当领导”所用的评价标准是什么呢？关于此点，自古以来无数的人进行了观察和评价研究，诸多先贤给出了他们的答案，很多这样的见解和洞察，在现代也没有失去其说服力。

另一方面，也有仅靠这样的古典领导观解决不了的方面，例如在未必有杰出之处的诸多人间，怎样选择领导这一问题。还有一个问题，因为不存在适合任何组织能起任何作用的万能领导，根据作用的不同，特征的重要性也不一样吧。为思考这些问题，人格研究应用20世纪以来的心理学见解，获得了进展。

在这样的流变中，产生了这样一种认识：仅仅根据个人特性这一因素来说明领导力的发生并预想谁能当领导是不充分的。这一认识与从新视角进行的研究相连，将从下一节开始详述。

关键词

• 领导性格理论。
• MBTI。
• 五大要素论。
• 力量发现者。

领导应采取的行动——行为理论

案例

小杉隆弘紧张地奔向人事部研修企划科的办公室，此后由他负责的这个科有8位成员。前任科长由于不能取得好结果，已被调到关联企业任职，小杉要采取某种措施使这个组织具有活力，必须为企业做出贡献，肩上压力很大。

小杉就职的“活力人力社”是起中坚作用的人才派遣会社，20世纪90年代获得快速发展，但2000年以后裹足不前。关于发展遇到瓶颈的原因，负责开拓派遣接收单位的营业担当者不能应对市场的需求这一点被认为是最主要的。支撑快速增长的成员，有的升职为管理者而脱离了营业第一线，有的换工作而离开了公司，而年轻的营业担当者还不具备充分的技巧。

小杉作为营业担当的职业生涯很顺利，作为拥有12名成员的营业团队的二把手，处于辅佐区域担当领导的地位。他自己在日常的业务之中，实际感受到“仅仅进行所属部门的OJT（职场内培训），缺乏拓宽年轻社员视野并促进其成长的机会”，认为这是“活力社”的大问题，因此常常向上司反映充实社内研修的必要性。前几天刚被告知“既然你这样说，你就来干干试试”，就接到转任研修企划科长的任命，这是他第一次成为独立的一“科”之长。

事先，小杉得到的成员阵容说明是：比他年长的成员有2人，比他年轻但属于同一代的成员2人，20多岁的年轻人2人，后勤2人。人事部的员工将小杉指引到新座位，并把他介绍给研修企划课的成员。小杉表情严肃地做了致辞：

“我来到这里接受的使命是，哪怕只早一刻也要加强社内的育成体系。强烈期待大家比以前更加努力！”

此时，小杉头脑中回响的是，在被私下告知工作变动之时上司所说的“迅速挑选出课题，为营业担当者的技巧提高做出贡献”。

下午，小杉迅速开始了与中坚以上成员的个别会谈。详细地听取了他们进行的研修计划、各种资料、实施的措施及其结果。

“我想这个资料里数据不足，为什么会成为这个样子呢？”“确实必要的情报在哪里呢？”“这个措施为什么没有取得效果？”“你的假设是什么？”

随着问话的深入，成员的回答逐渐变得暧昧，大概是因为多年前设计的研修计划以“仿照旧例”的形式一直持续。小杉心中的痛苦之感喷涌而出。

次日一早，小杉对课员们宣告：

“昨日询问了对迄今为止业务整体的分析，能够把握的情报不能说足够充分，请3日后重新向我提交报告。报告要求包括昨日我指出的问题，就各自担当的部分恰当分析，请大家好好准备。”

成员们有的面向电脑开始默默作业，有的为收集情报而进行其他部署，大家各自行动起来。“动起来了啊……”小杉一边远望着成员们的状态，一边自言自语，随后开始阅读昨日收到的数据和报告书，把注意力集中于资料。

3天后，约定的时间到了，全员在会议室聚齐，小杉开始逐个听取报告。然而，内容并不让人十分满意。小杉指出的部分确实被补充进去了，但却没有比这更多的启示。

“这样吧，从新收集的数据中我们可以明白什么？”在小杉抛出问题后，成员们依然面面相觑，一言不发。到最后，年长的坂本才蹦出一言半语。对此，小杉反复追问：“这个当然明白，那么，营业部为了将新手的技巧提高到令人满意的水平，需要在现状的基础上怎样做为好呢？有什么建议吗？”大家低下脑袋，再次陷入沉默。

就这样，会议没有取得任何进展，就到了结束的时间。“那么，在本周结束之前，请大家各自考虑建议”，小杉在无奈地发出这个指示后离席。

但是，到了第2周，也没有一个人提出建议。办公室充满了凝重的空气，以调查的名义外出的人也很多。

“哎呀呀，到底有干劲没有？这样我很为难啊。这个状态的话，要想早出成果，是绝对做不到的啊……”

小杉去自动贩卖机买咖啡，低头的刹那有人喊他的名字，“小杉君身体如何？”回头一看，是同在人事部的反町真理科长。反町是入职比他早5年的前辈，当人事科长已经3年了。碰巧反町有时间，小杉决定把他请到没人的会议室谈一谈。

听了小杉的一通解释后，反町开口说道：

“那么，成员中都有什么样的人？”

“这个嘛，40多岁的2人，30多岁的……”

“不对，说的不是这个，我说的是思考方法啦、性格啦……怎么，还没掌握？这是不是有点忘了重要的事情啊？”

“啊？您说的是？”

反町对满脸迷惑的小杉继续说道：

“因为对方是人，所以再不稍微关心一下对方的心情是不行的。被指出自己所属的部门有问题，这些不同领域的人送进了这个领域，想想他们的心情会怎样？这两个领域的事情和思考方法各自不同啊。怎样做他们会有干劲呢？不理解对方是不会明白的吧。领导只对任务和成果予以关心是不可以的，这样的领导是不会有结果的。看起来，你现在的状况就是这个样子啊。”

关心对方……确实，自己也许不想了解他们，尽管姓名、年龄和所任职务被列成了表格，但此外对他们几乎一无所知。只想着迅速出成果，也许是不小心遗漏了什么重要的事情……意识到构筑交流障碍之墙的人就是自己，小杉一时语塞。

理论

研究者意识到只用领导具有的资质和特性不能证明领导力的有效性，他们接下来注便目于优秀领导所采取的行动。

如果依据领导生而具备的资质和特性来证明领导力的有效性，那么某个人物是否适合当领导就是先天决定的。但是，如果并不能这样断言的话，那么就要考虑某个人物在后天做了什么有效的事才产生了作为领导的可能性。20世纪40年代，尤其是在第二次世界大战后，诸多研究机关开始竞相研究优秀领导的“行动”。

一、领导行动的双轴

其中推进非常全面研究的是美国的俄亥俄州立大学。该大学开发了为正确测定领导行动的包括150个项目的列表，该列表与后来在领导力研究中被最广泛使用的尺度——LBDQ（领导行动描述问卷）的制成相连。

1957年，对这个问卷进行因子分析的结果表明，领导行动几乎都决定于两个因子。一个是“关怀”（对追随者，也就是跟着领导的人的关心和交流，可以产生信赖和尊重），另一个是“建立结构”（为使追随者取得成果，系统建立组织并进行结构化等）。

几乎在同一时期，哈佛大学和密歇根大学也在用不同的方法进行关于领导行动的研究。得出的结论依然是，领导的行动可以大而化之地分为两类。在哈佛大学的研究中，将领导分为“社会、感情专家”（缓和对人的紧张关系，树立典范）和“课题专家”（从事组织化、概括和指导性行动）两个类型。而从密歇根大学的研究中，可以发现“从业者志向型”（重视人际关系的行动）和“生产志向型”（重视工作的技术方面或任务方面）两个行动侧面。

二、PM 理论

在日本，从20世纪50年代开始，以九州大学为中心，也展开了关于领导行动的有活力的研究。进入20世纪60年代，三隅二不二等人发现，作为科学测定领导行动的尺度，有和集团的目的达成与课题解决有关的机能相关的 P（Performance）行动以及与以维持集团为目的的机能相关的 M（Maintenance）行动这两个因子。可以说，这个发现与在美国的研究成果的主张几乎是相同的。此后日本注目于统率组织的领导所采取的行动的思考方法，PM 理论开始广为人知。

对领导的行动进行调查，将其类型化的话，可以像图表1-3那样分类。强力采取对任务和成果寄予关心的 P 行动的是 Pm 型，强力采取对社员的状态和内心感受寄予关心的 M 行动的是 pM 型，强力采取两方面行动的是 PM 型，而两方面行动几乎都未采取的则是 pm 型。此后诸多的实证研究表明，对成果和关系两方面都采取强力行动的 PM 型行动，无论是从集团的生产方面看，还是从部下对职务的满足感方面看，都是最有效的。从对部下的影响力方面看，我们可以判明，仅次于 PM 型的是 pM 型，接下来受欢迎的是 Pm 型，最没有影响力的当然是 pm 型。

将此理论应用到案例中的小杉的话，因为他对任务和成果寄予强烈关心，而对部下的内心感受关心甚少且几乎没有表现在行动上，所以属于 Pm 型。

图表 1-3 PM 类型

M 行动（集团或组织的维持、强化） \ **P 行动**（目的的达成）	低	高
高	pM 型 具有维持、加强集团的能力，但达成目标能力弱	PM 型 具有达成目标能力的同时，也具有维持、加强集团的能力
低	pm 型 达成目标的能力和维持、加强集团的能力都弱	Pm 型 可以达成目标，但维持、强化集团能力弱

三、管理方格

在此前后，研究动态组织创立手法的得克萨斯大学教授、经营顾问罗伯特·布莱克和简·莫顿，注目于领导这两个行动风格的特征，于1962年设计了“管理方格”这一工具（图表 1-4）。

图表 1–4 管理方格

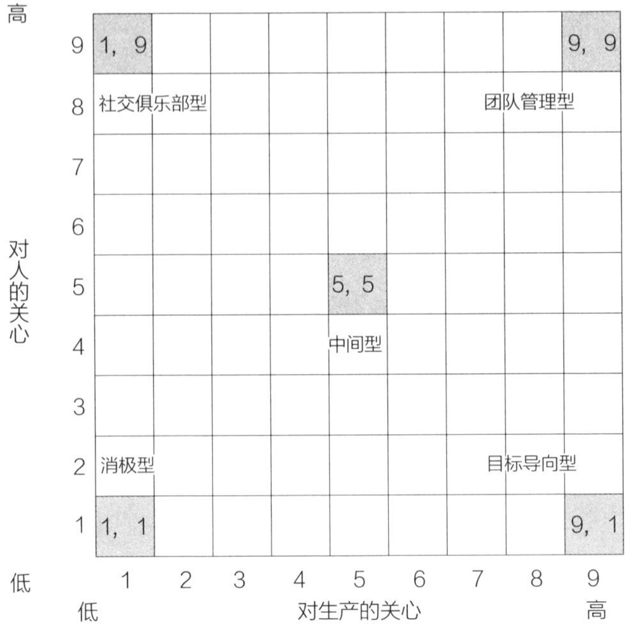

出处：斯蒂芬·罗宾斯《组织行为的管理》。

该图表把领导采取某种行动之际，构成其动机的构思要素置于“对人的关心”和“对生产的关心”这两条轴线上，形成了纵横各9个、合计81个网格。随后调查领导在发起行动之际“对什么寄予何种程度的关心”，将其结果填入这个“管理方格”。最后，布莱克和莫顿得出结论，领导发挥最佳机能之际，采取方格（9,9）的团队管理型风格的情况居多。

将小杉套入此图表的话，与从 PM 理论得出的结论一样，因为他以任务达成为志向而对人的关心不够，会被定位于“管理方格”的右下，从反町那里接受了应该对人更加关心（也就是说，应以表格的右上为目标）的建议。

四、总结

依靠注目于领导行动的无数研究，我们大致明白，领导行动可以分为对创造成果寄予关心的行动和对组织成员的心理和关系寄予关心的行动两类，对两者都关心的领导留下了丰硕的成果并受到很高评价。

但是，另一方面，却无法证明对两方都寄予关心的行动在什么样的状况下最为有效。俄亥俄州立大学的精深研究也只是证明，对制造结构和关怀两方面都关心的领导一般来讲产生良好结果的情况比较多，却无法断言一定会取得好的结果。

这样，我们就明白，仅仅注目于行动无法完全说明正确有效的领导力，领导力研究进一步向精细化方向发展。

话虽如此说，行为理论还是具有重大意义，它不将领导力的根源完全归结于个人的特性，显示了这样一个方向：即使是极为普通的人物，如果意识到恰当的行动，也可以当领导。即使在今日，作为知晓某个个人作为领导应如何行动的大致的指针，我们在这里介绍的框架也不时得到运用。

关键词

- LBDQ：俄亥俄州立大学的研究。
- PM 理论：三隅二不二等人。
- 管理方格：罗伯特·布莱克和简·莫顿。

适合的领导形象因环境条件而变化

——情境领导理论

案例

这一天，樱井润一还是在团队聚会上诚恳地在围着桌子转，一边为成员们倒啤酒，一边和他们聊天。跨部门的“业务改善项目组”的成立是在3个月前。成立以来，这样的恳亲会已经举办了3回。当初也能感到不自然的气氛，现在成员们的关系变得融洽，甚至自己的私事也能相互聊聊。团队的领导樱井，即使在日常的午饭时间也尽量邀请成员，费心地创造交流机会。由于有了聚会，团队内的气氛变得一团和气。

樱井在生产电子零件的大企业 Mixus 工业的九州工厂工作。最近几年来，随着与海外企业竞争的加剧，削减成本和缩短开发周期成了至上命令。在努力应对这个课题的同时，出于开发、制造、质量管理等部门的合作是必要的这一判断，在工厂内设立了业务改善项目组，成员从各部门抽调，开发部门的经理樱井也是其中一个。樱井被任命为第一任团队领导，其原因有二，一是因其工作作风踏实深得周边人员的信赖，二是因为经营领导们有这样一个判断，要想推进根本的业务改善必须选择没有被社内管理体制熏染的人。

“作为公司这应该是很大的决断，对自己来讲也是重任。无论从哪方面来讲，都必须干出成绩啊。”

尽管樱井是第一次接触经营方面，他却精神抖擞地准备大干一番以回报对自己的期待。但是，团队成员却未必是铁板一块，感到没有得到详细的说明就被调来的人不在少数，技术水平也是参差不齐。

“在意识方面也好，在技术方面也好，不充分的成员很多啊。这样的话，就出不了令人满意的成果啊。可能有点粗暴，也只能一边锤炼他们，一边推进工作了。”

樱井首先考虑的是提高团队的意识，他毅然给每个人下达了较多的任务。他一个接一个地提出市场的现状和动向、竞争的动向、技术方面改进的方向等应该分析调查的事项。然后，在听取成员报告之际，设定很高的要求水准，有不充分的地方就毫不留情地指出，命令其再去调查。他想作为团队太过于严厉也不好，因此决定频繁地召开聚会，和成员全体进行亲切的谈话，作为对工作上严格要求的一种补救措施。

就这样，3个月过去了，业务改善计划的制定还是没有进展。根据樱井的判断，要想作成具有可以向工厂厂长和总公司各部部长进行中期报告质量的计划，还需要一点时间。尽管如此，在成员之中渐渐出现了像20多岁的冈和纲岛那样人，他们显示了积极地与樱井讨论、想要掌握点什么的姿态。

“嗯，这样自发的姿态很重要啊。自己进公司的时候，也被上司压下来很严厉的目标，并被告知这是你自己的责任，无论如何也要想办法达成。自己当时是个很努力的人，应该做什么也没人手把手地教，一边看着先辈的后背（看他们怎样做），一边自己思考，乱干一气成长起来。自己作为领导也要重视那个风格。好，要把压力压下去。”

樱井期待着也把其他成员的自发性诱发出来，然而此后经过数周，近半数的成员看起来完全没有变化，他们的技术水平与努力的人相比没有大的差别，所以樱井认为决定性的不同在于有没有干劲。

“尽管等到现在，他们提出的分析和提案依然很粗糙。难道是他们本来就认为业务改善计划这个工作是不可能的吗？这样的话，也许早一点考虑更换成员才好……”

第2周，樱井到经营企划部长户仓那里去参加报告会，他满脸惭愧地向户仓报告了进展迟缓的情况。

“真对不起。尽管很努力……一半的团队成员也有干劲，可以期待以后有贡献，剩下的一半则表现不佳。因此，马上探讨更换成员如何？”

樱井刚说到这里，户仓的眼睛猛地从文件上抬起，敏锐的目光直视樱井。

“你呀，要是这样做的话，难道你不认为有多少人才也不够用吗？你认为成员的一半表现不佳的原因到底在哪里？”

“哎，他们的动力低到……”

“那，为什么不提高他们的动力呢？”

“这个……”

“你作为领导，是不是也从自身找找原因？根据你说的话，你似乎把自己的价值观强加给部下了，这样部下的干劲就不会被鼓动起来。成员不能改变的话，你就要改变自己。仔细观察对方及其状况，据此改变自己的做法吧。”

“领导根据部下改变行动？那样没有轴心、模糊至极的东西真行吗？”户仓看着因迷惑而一言不发的樱井，从桌子的抽屉里取出一本书，递给他。

“你是第一次走到领导岗位上啊。在研发这个工作中，遵照某一个判断轴，一门心思提高水平也许就能顺利运转。不过，谈到公司呢，它所处的环境每时每刻都在发生变化，站在领导岗位的人不得不管理各种性格的人。因为你也站在这样的岗位上了，不学习与各色人等打交道的技巧是不行的。好了，试着读读这本书吧。”

交给樱井的书的封面上写着“条件适合领导力”。

理论

20世纪60年代的研究者既不能定义“普遍有效的领导的特性”，也不能定义“普遍有效的领导行动”，为他们展示新的研究框架是美国的领导力研究者弗雷德·费德勒，他的框架是以“在怎样的条件下，怎样的领导行动才有效”这一问题为基础的。

一、费德勒理论

费德勒首先用一种别开生面的方法来测定一个领导到底属于任务（成果）志向型还是属于人际关系志向型。这个方法被称为LPC尺度，是如何评价最不愿意一起工作的工作伙伴的心理测试。从对测试的回答中，将被调查者关心的倾向和领导行动的类型分为任务志向型和人际关系志向型。

其次，将成为调查对象的集团所处的状况根据以下3个条件予以分类。

- 领导与成员的关系（部下对领导的信赖程度如何）。
- 任务的结构（部下职务的明确程度如何）。
- 地位势力（领导具有的报酬决定权和人事权程度如何）。

将这3个条件组合起来，来判断对领导来说该集团处于“好的状况”“一般状况”和“不好的状况”中的哪一个。进而再在判断结果上加上成为调查对象的集团业绩如何这一数据，来调查在各自状况下，任务志向型和人际关系志向型中哪个类型的领导所率领的集团表现更好。从庞大的调查数据中，显示了如下结果（图表1-5）。

在观察集团所处状况和集团的业绩与领导的行动风格关系之时，我们可以明了，在“好的状况”和“不好的状况”中，任务志向型领导会取得较好业绩。接着我们可以判明，在“一般状况”之时，人际关系志向型的领导会取得较好业绩。

就这样，在1967年，费德勒阐明了："在领导行动之中，没有普遍有效之物，被置于不同的条件状况下，有效的行动也发生变化。"

但是，在费德勒的思考方法中，有一个偏见。那就是他把握问题时假设的"领导的行动由领导的志向固定"这一点。针对这一偏见，将"领导采取的行动不是可变的吗"这一反问带入思考的人是罗伯特·豪斯。

图表 1–5 领导的志向、集团所处状况与业绩的关系

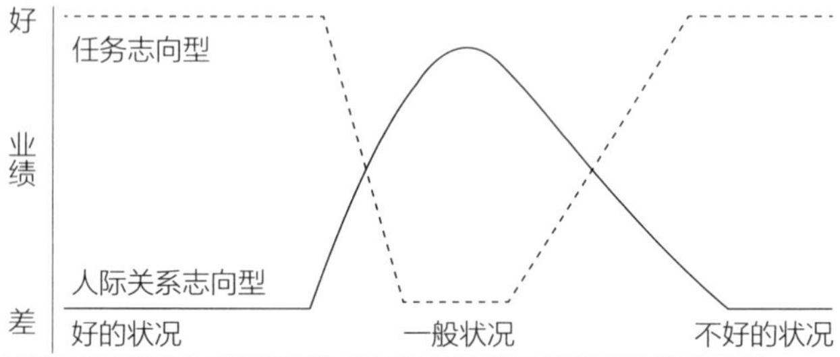

分类	1	2	3	4	5	6	7	8
领导与成员关系	好	好	好	好	差	差	差	差
任务的结构	高	高	低	低	高	高	低	低
地位势力	强	弱	强	弱	强	弱	强	弱

出处：斯蒂芬·罗宾斯《组织行为的管理》。

二、路径－目标理论

引领俄亥俄州立大学研究潮流的豪斯等人认为"领导力的有效性，

根据领导采取的行动是否能够赋予部下以动机来决定”。而在赋予部下以动机中“为了让部下顺利达成目的、成果，领导把握走何种路径为好、发挥有效的作用是必要的”。他将动机因素加入领导力研究，其中也考虑了与期待理论（该理论认为，假如告知“如果努力就会出成果、如果出成果就会获得有吸引力的报酬”这一愿景得以成立的话，就会提高动机）相联系。发表于1971年的这个理论称为路径 - 目标理论。

图表 1-6 领导的行动风格及其影响要素

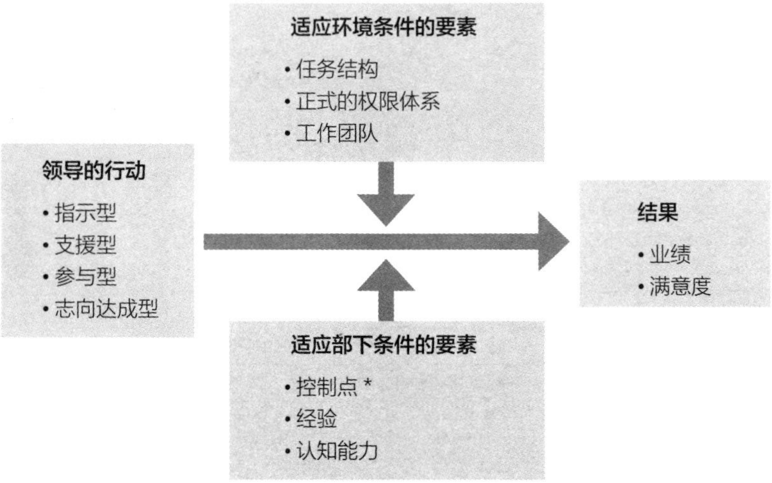

* 引用者注：对自己的行动决定权限在何处的意识。
出处：斯蒂芬 · 罗宾斯《组织行为的管理》。

在这个理论中，面向想达成的目标，领导向部下指示有效的路径之时，必须将两个条件置于脑海中。一个条件是，集团置于怎样的环境条件（直面的课题、权限体系、组织等）中，另一个条件是部下的因素（能力、性格、经验等）。根据这些条件的组合，来决定如何变更为有效的领导行动（图表1-6）。

豪斯认为，在领导能够采取的主要行动中，有“指示型”“支援型”“参与型”和“志向达成型”4种风格。接下来他如图表1-7那样思考这4类领导行动，各自在怎样的条件下会变得有效。

图表 1-7 领导的行动风格及使其产生效果的条件

领导行动	内容	在何种条件下有效
指示型	具体指示达成所给予课题的方法和工序	• 任务不明确，团体内有冲突的情况下 • 部下的自立性和经验值不高的情况下（反过来说，在部下能力强并具有丰富经验的情况下，有动机低下的可能性）
支援型	对部下的状态显示担心和关照	• 任务明确的情况下 • 处在领导 / 部下间的权限大小有明确规定的组织中的情况下
参与型	做决定前征求部下意见并采纳	• 部下的能力和自立性强，有自己解决问题的意愿的情况下
志向达成型	提出高目标，要求部下努力	• 在困难且不明确的任务面前也希望前行的情况下，用努力的话就会有好业绩的期待赋予部下动机

出处：顾彼思根据斯蒂芬·罗宾斯的《组织行动的管理》一书制成。

将此理论应用到樱井的案例来看的话，尽管他采取了“质差退回”的严厉措施，却既没有手把手地教部下他所希望的做法，也没有等待部下提交好的调查结果和提案。如果对他的风格进行硬性分类的话，可以说属于志向达成型。但是，由于他未能顺利地让部下具有动机，就造成了难以和行动相连接的状况。

樱井将其接触的志向达成型领导力作为一个好东西留在记忆中，那大半是因为当时的他具有强烈的动机可以和当时的状况接榫合缝，问题在于他把这种经验作为普遍有效的真理来把握。

事情至此，因为樱井团队的任务已经明确（尽管有困难），他应采取的行动当是更为支援型的行动。还有，如果注目于部下的自发性不是太高的状况，可以说指示型的行动也是必要的。

即使是领导，自己采取的行动也应该随着状况的变化而变化，豪斯等人的主张就是如此。在路径 - 目标理论中，这个主张是从环境要素和部下要素这2个条件导出的。

另一方面，进一步挖掘部下要素，思考领导行动的选择问题的人是俄亥俄州立大学保罗 · 赫塞和肯 · 布兰查德。

三、状况领导力理论

1977年，赫塞和布兰查德发表了注目于部下的“成熟度”的理论。

该理论首先从经验、能力这样的职务成熟度和意欲、责任感这样的心理成熟度出发分析部下，将其发展阶段分为从 D1到 D4等4个阶段。接着，领导在接触部下之际，根据其所处的各阶段，来选择有效的行动。

图表 1-8 “SL 理论”的 4 种领导力风格

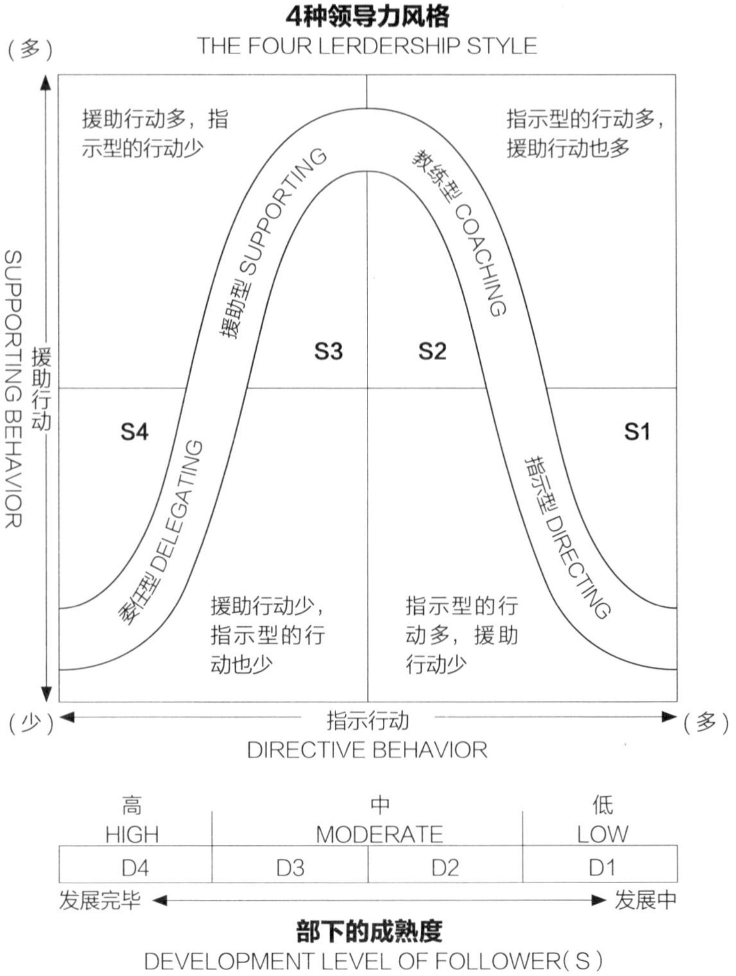

出处：肯·布兰查德《一分钟领导力》。

有效行动的轴，和刚才分析的理论一样，分为将重心置于业务方面的成果和将重心置于考虑与部下接触方式的2个轴。这样思考的模型就是前页的图表1-8。

基于这个状况领导力理论（SL 理论），总结根据部下的成熟度所需求的领导行动，就如图表1-9一样。

这个理论的特征是，即使是对同一个部下，在其不同的发展阶段，领导相应地改变行动风格也会有助于部下的成长。赫塞等人进一步认为，在使用 MBO（目标管理）方法之际，如果同时用 SL 理论也是有效的。

图表 1–9 基于 SL 理论的领导行动

	部下的成熟度	适用的领导力类型	对部下的行动
S1	经验缺乏的新员工或刚刚内部调动不久业务知识少的老员工	置重心于对任务关心的“指示型”	好好指示具体如何干
S2	对业务略微熟悉，一个人能胜任的工作范围渐渐增加的阶段	对任务关心和对部下关照并重的“教练型”	略为减少指示，指导同时也让部下思考。例如，说明自己的想法，回答疑问等
S3	掌握了技术，也能应对非常规业务的阶段	将对任务的关心控制在最小限度，将重心置于对部下的关照的“援助型”	在考虑的方向一致的基础上，着手培养部下决策能力
S4	达到能作为领导的继任者思考程度的发达阶段	对任务的干涉和对员工的关照都控制在最小限度的“委任型”	大胆授权，尽量让员工一个人就能完成业务

出处：肯 · 布兰查德《一分钟领导力》。

将此方法应用到樱井的案例中，针对意欲和责任感难以称强的成员，恰当的行动本应该是指示型和援助型的。这个理论的要义就在于，像对经验尚浅的年轻人采用指导型、对有一定的经验的社员采用援助型的行动那样，即使是同一科内的部下，也应根据对象的不同变更接触时的行动风格。

四、总结

部下成熟度、围绕上司和部下的环境等条件不停变化时，领导的行动也应随之变化。这样的思考方法自20世纪60年代以来开始流行，直到今日仍然受到广泛的支持。

但是，这个条件适应理论也不是没有问题，效果的检验也有不完全的方面。即使能够说明领导和部下一对一或者小集团的情况，但当组织的规模扩大，形成一对大多数人的局面之际，该理论是否依然有效还留有讨论的余地。

即便如此，条件适应这一新概念的提出，确实使领导力理论取得了巨大的进展，并为它此后向各个方面的展开提供了基础。

关键词

- LPC 尺度：弗雷德 · 费德勒。
- 路径 - 目标理论、“指示型”“支援型”“参与型”“志向达成型”：

罗伯特·豪斯。

•状况领导力理论、“指示型”“教练型”“援助型”“委任型”：保罗·赫塞和肯·布兰查德。

注目于领导和追随者关系——交换理论

案例

从接到写有“召开同期会的通知”的邮件起，羽贺希美就在心里盼着那一天的到来，并且觉得那一天很遥远。如果谈到都知道公司的琐事、且可以没有顾虑地敞开心扉的关系，也只有同期加入公司的伙伴了。最近她一直心里乱得很，想在这次同期会上，找个人聊聊。

石英损保在保险业界算个中等规模的企业，羽贺在该企业城东支社当社长已经半年了。城东支社以支持区域内的贩卖代理店为主要业务，总共有20名员工。羽贺在年轻的时候也有在支社进行代理店营业的经验，在调到城东支社以前长期在总社的市场部门工作，也曾当过媒体应对组这个小团队的领导。因为是第一次在支社长这一职位上，她考虑到有必要在总体上对整个业务进行观察，便费心地使出相当精力来掌握员工。决定根据每个人的特性和经验，改变自己与他们的接触方式和行动，特别是对经验少的年轻员工，仔细地指导他们具体做什么以及如何去做。这样做取得了效果。她眼睛一看就明白，年轻人的动机高涨，也信任自己。

但是，尽管如此细腻地照顾与部下的接触方式，还是有几个人，羽贺看不出他们向前配合业务的意愿，成了自己目前烦恼的根源。事物担当住吉与在总务担当中工龄第二长的大仓，看起来在故意和自己保持着距离。

就任支社长以来，羽贺决定对他们不做详细的指示和指导，如果是在日常业务范围内的事情，就尊重他们的判断，应该和对年轻人不一样，不采取使他们自尊心受损的行动。但是，他们对任何事的反应都让人感到很微妙的迟缓，在支社内的例会上也不做有建设性的发言。就任之初尽管有这样的“错位”也没有产生什么问题，但现在危害就显现出来了。来自本部的重要传达事项没有很好地传达给支社的全体人员，反过来，担当者级别的人和本部能够共享的情报自己却不知道这样的事时有发生。从状况推测的话，可以认为他们时而扣留情报，时而进行误报。这是因为自己比他们年龄小呢？还是因为自己是女性呢？有几次抱着难以释然的疑虑，渐渐地，在羽贺的内心开始产生放弃他们的想法。

她盼了又盼的同期会召开的日子终于到了。当日，羽贺设法安顿了繁忙的业务，直奔聚会地点中华料理店。与令人怀念的同期入公司的诸位挨个打过招呼之后，羽贺在会场的里侧发现了横田卓也，便在挨着他的座位上坐了下来。横田在去年也首次出任支社长。

在为再会高兴地干杯之后，羽贺和横田的谈话渐渐转到现在工作的事上来。在谈到未被自己影响的比自己年长的部下之时，羽贺的口吻最后充满了无奈：

“完全不理解这些人怀着怎样的想法工作。他们以为上司是什么？横田君那里有没有这样的人？”

一直静静听着羽贺讲话的横田，开始柔和地开导她：

“当然理解羽贺的不满，我想是不是他们的目光盯在某个上面的地方？你也许认为自己是上司所以部下当然要听你的，实际上不是这样。我们订立计划，也下达指挥命令，可是实际上干工作的是成员们，只要成员们不练活，工作就完全不能取得进展。在这个意义上，上司和部下也是对等的关系。那么，怎样做才能让成员们为我们工作呢？你怎么看？”

“这个嘛……预先表明进行人事评价的是我？”

“嗯，这个也许有效，不过那是大家都知道的吧？没有其他有效的办法吗？假如把自己放在部下的立场上，某一天突然来了一个完全不认识的上司，就开始这样那样地改变做法的话，你怎样看？是讨厌吧？那么，在什么情况下即使是这样的新上司，也让他们高兴地追随？”

“嗯……例如上司的能力具有压倒性的优势，而且在人格方面也非常优秀，重视我们的事情，按照他说的话去做公司绝对会向好的方向发展，还能够听取部下意见。是这种情况下吧？”

“对，正如你说的那样。那么，现在关系处得不融洽的那些人迄今为止在公司内的实际业绩啦、他们重视的组织文化啦，羽贺是否清楚？”

“这个明白啊。不过是因循守旧，没有配合新事物的积极性，也没有达成陌生目标的霸气。因此把现场的情报通知给本部，而不通知我，令人讨厌是吧。明显是对方有错，为什么我不屈服就不行呢？”

“哇，这就是他们视线向上的地方。归根结底，羽贺的眼睛也如此看才好。因为他们一直在城东支社工作，应该有重要视之的风格和价值观。不是有必要在某种程度上重视这些吗？在此基础上，也必须改变所有人的意识和行动。”

“哎，现在我也不想就这样把他们炒了。不过这样的话，到啥时候事情才能解决？怎样做好呢？”

“听起来可能庸俗，但进行信赖的存款吧。首先有必要为取得哪怕一点点的信赖而努力。不过，罗马筑城非一日之功，也许不能马上改变现状，我自己在和现在的部下建立良好的关系以前，也花了半年的时间。”

“进行信赖的存款，构筑关系……嗯，横田君说得很对。统率一个组织，哪怕它再小，也很累人啊。”

“我插一句，刚才一直在旁边听，你们的对话伟大而深刻，我也参加吧。”

不一会儿，其他的同期伙伴们也加入了谈话，关于组织和领导力的意见交换一直持续到深夜。

理论

正如上一节所见，在领导力研究注目于领导行动的过程中，认为对部下的“关怀的行动”也是重要的。然而，在研究的过程中主要注目的，说到底还是领导自身，部下仅仅作为受到领导影响的对象被对待。

研究中也出现了新的想法并受到关注，它认为领导力行动的有效性，不仅仅取决于来自领导的单方面的作用，也受到领导与部下相互之间的关系的影响。新想法自20世纪70年代以来被深入研究，这就是领导力的交换理论。

一、交换理论

人在判断事物之际，将经济的概念，也就是得利和受损这样的东西作为标准的情况不少。例如，在别人要求自己采取某种行动的情况下，一般人会在考虑做此事会给自己带来何种程度的利益和不利后，再决定如何做。反过来，在自己让别人采取行动之际，应该传达提供给对方的东西，也就是报酬的信息，或者通过告知如果不采取该项行动将会受到惩罚，让他人行动起来。也就是说，人通过相互之间“交换”什么来相互促进，从而社会生活得以成立。

从这个社会的交换观点来把握领导力的是美国的社会学家乔治·霍曼斯，他的思考方法被称为社会的交换理论。

在某个组织中，领导以外的存在被称为追随者。将领导力把握为领导对追随者下达的指挥（命令）的话，通过追随者服从该指令，领导力始得以成立。那么，追随者为什么会服从呢？这是因为他考虑到通过服从领导的指挥可以获得某种报酬，也就是说，可以说是因为在那里领导和追随者的“交换关系”成立了。

还有，也要考虑到在这个理论中有“附带计算条件”那样的效果。

所谓附带计算条件，是指在进行某种自发性行动之时，根据其产生的结果，促使下次行动再起频率的变化。例如，“服从该领导指挥的话，可以获得大量报酬（或者，与有价值的结果相连接）。下次一定也是如此。所以下次也还是服从”这样的情况。因此可以认为，对有实际成绩的领导的指挥，追随者寄予信赖，容易服从。反过来，对没有实际成绩的领导，追随者难以期待进行好的交换，就会决定不积极服从。

美国的心理学家约翰·蒂博和哈罗德·凯利，进而注目于领导与追随者间的交换关系中的相互依存性。领导与追随者相互依赖对方的同时，向目标进发。

他们首先认为，在决定社会相互作用的报酬价值的基础上，有外在的要素和内在的要素。外在的要素，可以举出交换对象的能力、类似性、接近性和互补性等。在对象具有自己缺乏的能力之时，通过一起行动可以获得更大成果；如果目标和价值观类似的话，通过合作相互得到满足的可能性就大；物理距离近的话，就容易促进相互作用；目的的互补性（例如，一方面领导抱有想对某位发挥影响力的愿望，而追随者则抱有被某位指导的愿望这一状况）在报酬交换的同时，使情绪的交换也成为可能。

另一方面的所谓内在要素，是指一方为追求另一方的目标而自发地调整自己的行动以与对方同调。想获得佳绩的领导，有必要制造让追随者愿意与自己合作的氛围。

还有，蒂博和凯利也注目于比较水准（个人中的与过往经验的比较以及与其他选择的比较）这一概念。获得超过比较水准的成果和报酬，人就会感到满足，那是当然的事。另一方面，在与当前的对象进行价值交换以及有魅力的选择之时，即使与当前的对手关系良好，对对手的依存性还是消失殆尽。人就是这样，在不断的相互作用中，不停地选择着应该如何行动。

二、信赖性蓄积理论（特异性－信赖理论）

议论至此，我们明白了领导与追随者的关系是相互作用的关系。进而，将追随者的巨大影响力置于重点地位的新理论也诞生了。据采取这一立场的心理学大家埃德温·赫兰德说，领导力的有效性取决于从追随者那里获得发挥领导力的正当性，也就是“信赖”。

为了获得信赖，领导首先有必要向追随者显示“同调性”。所谓同调性，意思是遵守两者所属集团的规范。因此，在早期首先有必要显示忠实于该集团的目的，且遵照集团行动的姿态。接下来，在下一个阶段中，领导必须显示自身“有能力”。通过显示自己确实能够对集团和组织面向的目标做出有效的贡献，就能获得来自追随者的信赖。

这个信赖性蓄积理论让人感到兴趣盎然的地方还在后面——从追随者那里如此这般得到信赖的领导，最终却从追随者那里被寄予“变革”集团的希望。该变革行动如果获得成功，追随者对领导的信赖会进一步得到累积，领导的影响力得以扩大。但是，如果失败的话，就会失去追随者的信赖，追随者服从领导的动机就会变弱。将意识到应如此获得追随者信赖的领导行动模型化，就如图表1-10所示。

图表 1-10 意识到获得信赖的领导行动

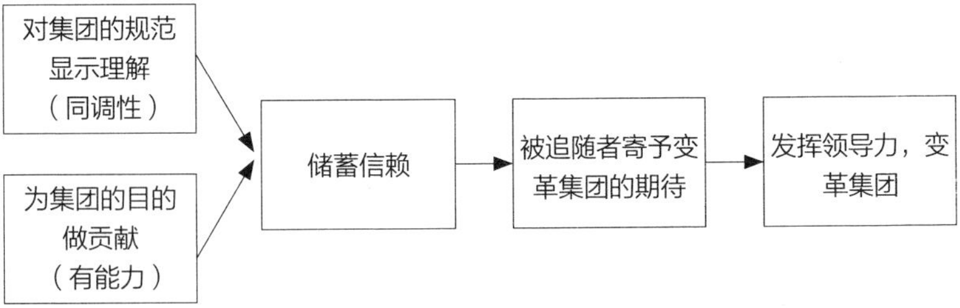

出处：小野善生《相互作用方法在领导力论中的展开》。

结合羽贺的例子来说的话，就是下面这样。尽管羽贺遵循了条件适合等理论，在接触部下之时对自己的行动进行了调整，但却可以推测出，她并没有充分获得来自部下的信赖。用与她同期的横田的话来说，信赖性蓄积中关键的“同调性”，也就是对部下重视的组织文化和价值观表示理解的行动，她还相当不足。羽贺有必要踏踏实实地显示这个方面，此后在“被寄予变革集团的期待”这一场面到来之时，显示实际成绩就变得重要了。

三、LMX（领导－成员－交换）理论

在刚才的议论中，我们明白了领导与追随者之间存在着交换，并认

为要使交换恰当地发挥作用要有一个条件，这个条件就是领导给予追随者报酬的公平性。让追随者认为自己被给予了与贡献相应的报酬、在和他人的比较中也是公平的就成为使交换得以顺利进行的前提。

但是，作为现实的问题，上司对部下贡献的报酬给予方法，真的是公平的吗？还有，有没有因领导与部下每个人间的关系而造成的差异？这种关系会不会有变化？以这样的问题意识为发端，20世纪70年代以后，更注重领导与追随者间交换关系的“质性”的LMX理论的研究开始盛行。

以乔治·格雷为中心的研究者们，根据对领导和追随者双方的调查，已经确认，实际上在领导与追随者之间，有因关系的不同而产生的交换差别。据说很多领导在刚刚就任职位之际，很快就认识到追随者之中存在着对领导表示善意的圈内人集团（in-group）和表示恶意的圈外人集团（out-group）。这两个集团即使做了同样的事情，领导对各集团的评价却不一样。

例如，在看到追随者加班之际，就会出现这种情况：如果加班的是圈内人集团的追随者，就会评价为“热心于工作啊”；如果他属于圈外人集团，就会评价为“因为工作迟缓，浪费了不必要的时间”。

同样的事情，也会发生在追随者一侧。即使受到领导严厉的批评，圈内人集团的追随者会接受为“批评是为了激励自己，是为了我好”，圈外人集团的追随者感到的却是“受到了不公正对待”。

还有，领导与追随者这种价值交换的最终的“质性”，据说相当大的程度上被关系的初期——也就是最初几天到几周之间的相互印象所左右。也就是说，如果关系构筑的初期切实树立“这是足以信赖的对象”这一印象的话，即使其后没有取得预期的成果，也会高度评价相互的关系，能够持续与此关系相应的活动的可能性也大。

对与自己保持距离的成员，羽贺也说过“产生了放弃的想法”。她在无意识之中就将在公司内工龄长的住吉和大仓视为圈外人，也有可能是她自身也强化了对他们的否定性看法。像这样既不用言语也不用其他接触方式就对人际关系产生影响，见到过这种情况的人也很多吧。

还有，LMX 理论令人兴趣盎然的一点是，我们明了，基于领导与追随者交换关系的领导力的形成，有一个随着时间的推移向成熟发展的阶段。从关系构筑这一观点来看，那就是从“获得自己是领导或者追随者这一职务分配”的初期，慢慢进化到形成、渗透自己的职务认识并使对方习惯化的阶段。从对对方的认识这一观点出发，就是踏着生人→熟人→成熟的伙伴这样的阶梯的发展过程。

我们明白，相互关系的类型，即使从最初阶段的以“授受”为主的关系开始，其后通过进行的种种相互交换，相互间的认识得以变化并能够建立良好的伙伴关系的话，就会相互信赖、尊重。追随者的组织市民行动（想为组织做贡献的自发采取的行动）也会被唤起（图表 1-11）。

图表 1–11 领导力形成的生命周期

特征	生人	熟人	成熟的伙伴关系
关系构筑情况	发现作用	形成作用	发挥作用
相互关系的类型	金钱关系	混合关系	人之间关系
相互关系的时间感	即时	可以滞后一段时间	没有限期
领导与追随者的社会交换	低	中等程度	高

出处：小野善生《相互作用方法在领导力论中的展开》。

这样，我们从依靠领导与追随者的交换关系的“质性”来究明领导力的有效性的研究中，作成了通过由叙述该“质性”的7个问题构成的称为 LMX-7的测量尺度。随后，LMX-7就替代了原来在俄亥俄州立大学开发的 LBDQ 开始被使用。

这里的交换或许并不单纯指领导与追随者之间的交换，是不是在组织的成员之间也适用呢？这一假说也是成立的。从这个问题意识出发，领导力研究进一步拓展了自己的广度，它不仅研究领导与追随者的关系，也研究这样的事例：随着追随者间交换关系的成熟，追随者的意识发生积极的变化，团队的生产积极性因而得以提高。

图表 1-12 LMX 测定尺度（LMX-7）面向部下的提问项目

1. 你理解上司的立场吗？也就是说，你知道上司通常在何种程度上对你的工作状态表示满意吗？

罕见	偶尔	时不时	常常	总是

2. 上司在何种程度上理解你工作上的问题点和需求？

完全不	一点点	不多也不少	相当	非常

3. 上司在何种程度上知晓你潜在的可能性？

完全不	一点点	适度	大致	确实

4. 与上司赋予你的权限无关，上司为支持你解决工作上的问题而使用权力的频率是何种程度？

完全没有	一点点	适度	高	非常高

5. 进而，与上司具有的正式权限的大小无关，上司即使牺牲自己的利益也帮助你的频率处在何种程度？

完全没有	一点点	适度	高	非常高

6. 即使上司不在，我也信赖上司，为他的决定辩护，使之正当化。

完全不能同意	不能同意	说不好是否同意	可以同意	完全同意

7. 你认为与上司的工作关系处于怎样的状态？

完全无效	低于平均水平	平均水平	高于平均水平	非常有效

此外，还有向上司询问的与部下关系的问题。提问内容与此相同。

出处：松原敏浩《领导力的文献展望8 Graen 的领导 - 成员交换（LMX 模型）》。

四、总结

因为交换型的领导力研究的进展，正如我们目前为止叙述的那样，不仅仅单方面注目于领导对追随者的影响，关于每个追随者对领导力有效性的影响的理解也加深了。还有，更为有活力的是，我们明白了，即使在领导与追随者关系成熟的过程中，领导力的有效性也能够变化。可以说，在领导力研究中，我们也能够明白，人不是受单方面的刺激而反应的生物，而是因为相互关系的发展而进行有机变化的生物。

另一方面，需要指出的是，交换模型也有一定的限度。这就是，它基本是以领导与追随者有直接的相互关系为前提的。一旦组织的规模扩大，领导就无法试图与所有的追随者直接交流。从这个观点出发，领导力研究正在向新的方向展开。

关键词

• 社会的交换理论：乔治 · 霍曼斯。

• 领导与追随者的交换关系中的相互依存性：约翰 · 蒂博和哈罗德 · 凯利。

• 信赖性蓄积理论（特异性 - 信赖理论）：埃德温 · 赫兰德。

• LMX 理论：乔治 · 格雷等人。

• LMX-7：替代 LBDQ 而被广泛使用的问卷。

何谓变革组织的领导

案例

尽管此后要提交报告，熊本洋介已经被完成一项工作那样的成就感和疲劳感包围了。他所在的东亚机器公司，是特种工作机械制造商，为了应对业界环境的激烈变化，决定进行彻底的战略转换。属于经营企划部的他，作为战略方案制定的实际操作者，花了大半年的时间进行社内调整，最终总结出了这个方案。

自一年前立项以来，熊木作为专门负责此项目的科长，为综合各方意见而四处奔走，现在被视为“下任部长的第一候补”。

东亚公司的实际状况，绝不能说是已陷入严重危机。业务虽然有部分退步，但基本上可以说是针对潮流打出先手的面向未来的重组企业。其改良措施大概讲有两根支柱，一根与全公司的施策有关，另一根则与个别的生产、物流据点有关。前者包括开发中心的统一管理、收购零件制造商、大规模的系统投资，采用和新业务有关的人才等措施；后者包括废弃一部分生产线并分流与此相关的人员、供应地，以及重估、卖出物流地点等措施。

熊木马上要向其汇报的是常务执行董事三轮，从制定方案阶段开始他就与三轮进行过意见交换，所以他认为提交方案不过是个形式。

熊木开始自信地向三轮汇报。

“常务，这个方案能够实现的话，就会在竞争中建立无人能敌的独特地位。”

“嗯，在这个程度上削减固定费用，因此把节约下来的现金毅然进行先行投资的话……原来如此，这样的话新业务的销售目标也似乎可以弄清楚啦。那么，怎样做来实行这个方案呢？”

“您问怎样做？这个似乎在各措施的结尾部分写着啊……”

“不对，不对。这是写着具体操作和时间表的实行计划吧。我说的‘怎么做’不是这个意义上的。我说的是，如何把这个计划切实按照计划进行推进，也就是怎样做能够取得结果。”

“……啊？在实行计划部分，分别明确写着担当者和负责人啊，难道还不够吗？”

“你好像还不明白啊。这次的中期计划的成败对我公司来说意义巨大。当然是因为有成功的确信才来做，但话虽这样讲，风险还是有的。那么，为什么即使冒着风险也有做的必要呢？”

“因为看到了环境的变化，在原地踏步就更危险。”

“你说得对，这是与时间的赛跑。你确实写上了担当者和负责人，但如果让他们做了一个季度，发现在那个时点完全不可能完成的话，怎么办？‘这是某某的责任’‘今后进行更为严厉的指导’‘下个季度好好干’。这样的话不行啊。”

三轮把几次重复问到的话，再次强烈地说了一遍，实际上他是认为，关于展开措施之际的难点，熊木还没有切实掌握到那个程度。熊木放松的心态至此一扫而空，不知不觉中站了起来。

“计划仅仅写在纸上是不能实现的。一旦实行这次的方案，对一部分员工来说会产生痛苦。然而，因为公司并没有被逼到那么严重的境地，所以很多员工还没有危机意识。因此，如果大意的话，所有的人都没有这种意识，也许就会得过且过、宽松待己。要在心里绷着一根弦防止上述情况发生的同时，总结公司整个情况、鼓舞大家奋勇向前，这些具有决定性。不用说，大政方针社长会适时指示，推动各部门部长之时，作为担当董事的我就亲自出马。但是，关注详细的现场动态并予以应对的人也是绝对必要的。”

三轮紧盯着熊木的眼睛，接着往下说：

“此后要进行的工作非常累人。为了让员工有即使伴随着痛苦也一定要完成的想法，你认为怎样做为好？还有，成为此次改革核心的领导的你，如何影响周边的人为好？我问的是这个事情。我期待着你具有那样的领导力啊。”

“是。我彻底明白了。一定完成任务！”

“嗯。我想说有这个志气很好……好了，我还要说，这可不能仅仅下定决心，然后乱干一气啊。另一方面，不冷静地使用智慧也不行啊。此后私下里也继续进行磋商吧。”

三轮使劲拍了拍熊木的肩膀上。熊木回到自己的座位上。

熊木有些恍然大悟，事情确实和三轮分析得一样。为变革而采取的措施，从现场来看的话，以“总论赞成、各论反对”[①]的形式放在那里的话，也许不能实行。熊木对自己在制定计划的过程中没有考虑到这一点感到悔恨，但却感到今后的工作很有干头，对自己是个大的挑战。他感到全身充满战斗的激情，热血翻涌。

但是，另一方面，他也注意到三轮说的“不使用智慧是不行的”那句话。到底做什么、怎样做为好呢？自己不过是一个与现场没有直接关系的部门科长，到底能做什么呢？他绞尽脑汁也没有想出具体的答案。

理论

包围企业的环境变化的话，组织的样态也会变化，就需要领导有变革力。让企业实现彻底的方向转变是极为困难的事情，就像它不时被比喻为操纵大船那样，从发动轮机运作到实际移动需要时间。这里要求的领导力是怎样的东西呢？

一、个人魅力型领导

20世纪80年代，美国处于时代巨变的中心。美国那时的经济中心——制造业，失去了往日的气势，以日本企业为首的新兴势力加强了

① 指赞成改革本身，但却反对影响本部门或自己利益的具体改革。——译者注

攻势，正在席卷美国自身的市场。在因摸索新方向而一片混乱的时代中，时代要求的是强力型领导的登场。在这样的时代背景中，个人魅力型的领导力论开始崭露头角。

关于个人魅力型领导的统治，德国社会学家马克斯·韦伯在20世纪20年代就已经谈到，到20世纪70年代，罗伯特·豪斯则开始了进一步的研究。所谓个人魅力型领导的统治，当然容易被理解为由于该领导的“非凡的资质”才得以成立。然而，豪斯指出，对于它的成立，追随者“认识”到领导有特别的资质并且信赖他是不可欠缺的。也就是说，个人魅力要想发挥作用，领导必须采取让追随者认识到自己拥有这种能力并让其留有印象的行动。

那么，什么样的行动会让人得出领导具有个人魅力的认知呢？我们可以从著有《个人魅力型领导力》等书的康格和卡纳果的研究中看到，个人魅力型领导的3个行动要素。第1个是正确评价现状的问题点。第2个是显示组织应该追求的战略愿景，接下来第3个是领导自身采取甘冒风险的自我牺牲行动。个人魅力这一资质实质上因行动而被认知，这一点令人兴趣盎然。

二、领导力与管理的区别

在同一时代，与个人魅力型领导的研究相平行，关于“变革领导力”的研究也取得了进展。其背景是，随着包围美国企业的环境的变化，诸多企业被卷入大规模变革之中。在思考变革的领导力之际，首先应该思考“领导力”与“变革”。

哈佛大学的约翰·科特认为，领导力和管理是有区别的。“管理”是应对复杂性的，与推进变革的“领导力”截然不同。科特说，领导力与管理有3个共同点，在具体的手法上才出现差异（图表1-13）。然后他接着说，在推进变革的过程中，要设定进路（愿景），将组织成员的心统合到面向一个目标，赋予其动机并予以启发。

那么，由领导力来推进的“变革”是什么呢？所谓变革，可以定义为变更、改善既存事物的过程。在经过某一期间时，被要求变革的不仅仅是大企业，中小企业和风险企业也不例外。特别是在变化剧烈的现代社会，企业为了成长和生存，会被要求把握环境的变化或被要求自己主动掀起变化。

图表 1-13 领导力与管理

共同点	领导力的具体做法	管理的具体做法
选定课题（设定日程）	设定进路（将来愿景）	制定计划与预算
构筑使课题可能达成的人的网络	统合组织成员的心 使之面向一个目标	组织化与人才配置
实际上使课题达成	赋予动机和启发	控制与解决问题

出处：顾彼思根据约翰·科特所著《领导力论》一书制成。

三、对变革的抵抗和陷阱

一旦想根据环境变化来变更、改善既存事物，就会招致不希望如此的个人和组织的反抗。根据组织行为学的权威斯蒂芬·罗宾斯的整理，对变革的抵抗，来自个人的有5种，来自组织的有6种。

（一）来自个人的抵抗

作为来自个人的抵抗，有习惯、安全、经济的因素、对未知的不安和选择性地处理信息5种。

习惯：在不能从一直习惯的亲切而程序化的做法中自拔的情况下会发生。

安全：因变革自己的职务处于危险中时会发生。

经济的因素：对自己的收入因变革也许会减少的不安情绪高涨时会发生。

对未来的不安：认为与因变革而新开始采用的、不知道能否顺利进行的不透明的工作方法相比，用自己习惯而亲切的做法的话，能够期待取得某种程度的成果。在如此考量下，在希望保持旧方法的情况下会发生。

选择性地处理信息：尽管认为改革是必要的，却倾向于无视威胁自己的信息，只想听对自己有利的好消息。

（二）来自组织的抵抗

来自组织的抵抗，有结构的惯性、变革限度的焦点、团体的惯性、对专业性的威胁、对既存权力关系的威胁和对既存资源的分配6种。

结构的惯性：组织有采用适合本组织的人的倾向，采用后也规定了采取特定行动的方向。因此，尽管随着变革想朝着不同的方向前进，但朝着习惯且熟悉的方向前进的惯性依然在起作用。

变革限度的焦点：在限定于仅仅对组织的一部分进行变革的情况下，由于与全体的方向性不匹配，改革成果归零的情况多有。

团体的惯性：即使某个个人赞同变革、有想改变的想法，但其所属团体的规范会限制这种倾向，造成赞同者群体无法扩大的局面。

对专业性的威胁：变革本身造成使某个特定团体所拥有的专业性成为无用之物等威胁团体后果。在此情况下，就会出现抵抗。

对既存权力关系的威胁：在将裁决权再分配给其他组织等时，为防止本组织的权力减弱而进行抵抗。

对既存资源的分配：在拥有诸多预算和任务的部门因变革而被缩小的情况下，变革会被视为对该组织的威胁而受到抵抗。

为了应对上述的来自个人和组织的抵抗并使变革成功，有必要做什么呢？库尔特·勒温和约翰·科特将变革过程进行了分解，建议了在各个阶段应该做的事情。

四、库尔特·勒温的变革过程

关于变革的讨论，可以追溯到20世纪40年代勒温的学说。社会心理学之父勒温认为，变革要想成功，有必要经历“解冻”“变革（移动）”和“再冻结”3个阶段。

上述的对变革的抵抗，因现状处于“均衡状态”而起。关于这个均衡状态，1981年就任通用电气CEO（首席执行官）的杰克·韦尔奇在其所著的《杰克·韦尔奇自传》一书中，把他刚接手的组织的阶层之多，比喻为穿了多重毛衣：

“组织的阶层和毛衣一样，也起着阻挡的作用。如果穿着四重毛衣外出的话，外面有多冷，是难以感觉到的。”

为了打破这种均衡状态，“解冻”是有必要的。解冻之所以能够实现，要靠发起脱离现状方向行动的“推进力”的增加和妨碍从既存的均衡状态脱离的“约束力”的下降（有时候两者同时出现）。就此问题，韦尔奇这样说：

“地板就是阶层，墙壁就是部门间的壁垒。为了最大限度地发挥组织的力量，必须打掉地板和墙壁，创造与职位和部门没有关系的、能自由交流思想的、充满开放气氛的空间。”

通过进行这样的解冻，变革才成为可能。但是，不要以为已经万事大吉，如果变革在短期内结束，从业人员就会恢复到以前的均衡状态。因此，为了长时间维持导入的变革，就要求将“再冻结”进行到底。

五、约翰·科特的8阶段过程

20世纪80年代以后，美国的企业开始进行大规模的变革，其内容包括：引进新技术、战略的大转换、再工程化、合并收购、业务重组、促进技术革新和公司作风的改革。但是，很多企业失败了。

图表 1-14 约翰·科特的 8 阶段过程

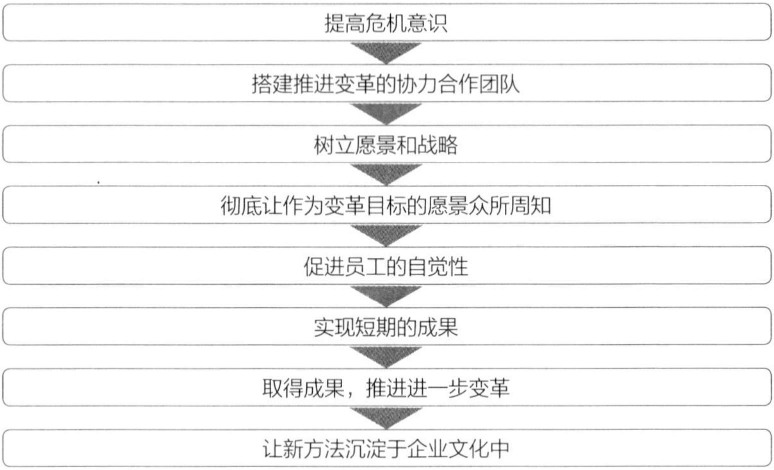

出处：顾彼思根据约翰·科特所著《企业变革力》一书制成。

约翰·科特分析了这个事例，他说，大规模的变革没有进展的原因是有8块“绊脚石”。具体来说就是：面向内部的企业文化、官僚主义、公司内派系、相互信赖感的缺乏、团队配合缺乏活力、对公司内外的傲慢态度、中层干部缺乏领导力和对不确定的恐惧。

于是，为了超越这些绊脚石来推进大规模的变革，他主张以下的8阶段过程（图表1-14）是有效的。

（一）提高危机意识

分析市场和竞争的状况，找出对本公司来说的危机和绝好的成长机会，依靠探讨，能够在和变革相关者间产生“危机意识”。科特强调指出，这首先成为使变革成功的第一步。

1993年，路易斯·郭士纳接手陷入经营危机的IBM公司，成功地实行了大规模的变革。他说：“我没有危机感。我有的是紧迫感，不管事业是好是坏，我都不变地保持着紧迫感。”（路易斯·郭士纳《谁说大象不能跳舞？》）

将郭士纳所说的“Sense of Urgency”译成“危机意识”已经成为固定译法，所以本书也予以采用，但也许像郭士纳本人那样把握为“紧迫感”较为恰当。

（二）搭建推进变革的协力合作团队

为了搭建对领导变革具有充分力量的团队，要聚集变革的担负者。在推进变革的团队中，具有对主导变革必要的技术、人脉、信赖、评判和权限的人是受欢迎的。

（三）树立愿景和战略

为引导变革孕育出愿景并制定实现愿景的战略。在成功的变革中，变革团队会制定简洁而又令人心动的愿景及实现愿景的战略。

所谓愿景是什么呢？科特将其定义为“显示将来应该具有的姿态，明确说明或暗示人才为什么应该为那样的将来而努力之物”。

他进而列举了好的愿景所应具备的6大特征：“显而易见”（以清晰的形式显示将来会变成什么样）、“成果可期”（告知雇员、顾客和股东等股票持有者可以期待的长期利益）、“实现可能”（是从现实的可以达成的目标孕育出来的）、“显示方向”（为指导决策的方向，向对方予以明确显示）、“富有弹性”（在变化剧烈的情况下，具备允许每个人自主行动和多种选择的柔软性）和“便于交流”（能够在五分钟以内说明）。

（四）让作为变革目标的愿景众所周知

通过几个渠道简单地将拨动心弦的消息传达，让愿景和战略众所周知。在灵活运用各种手段持续地和员工交流新的愿景和战略的同时，推进变革团队的成员成为员工期待的模范也很重要。

（五）引发员工的自发性

通过让愿景众所周知的方式，让自发行动的人逐渐增加并扫除阻止变革的障碍极为重要。通过转变可能成为障碍的组织结构和系统，就会激发员工冒着风险进行迄今没有尝试过的观念、活动，激发行动的热情。

（六）实现短期的成果

在业绩上制定可以短期取得的、眼睛看得到成果的计划，并在实际上取得短期成果。清楚识别对这些短期成果的达成有贡献的人，并给予报酬。

（七）取得成果，推进进一步的变革

以短期成果为杠杆为变革增加气势，开始变革起初不在愿景中的系统、结构和制度。还要对推进变革愿景做出贡献的人才予以采用、提拔和能力开发，使当初的变革固定下来。

（八）使新的方法沉淀于企业文化中

明确展示基于企业愿景的新方法与企业成功之间的关系，使变革在各级领导心中扎根。还要通过推进领导和后继者的培养，使变革在企业文化中沉淀下来。

科特在谈到8阶段时特别强调，要按照顺序从头开始逐阶段推进，不能跳过中间的任何一个阶段。

就案例中熊木率领的团队来说的话，尽管可以认为在总结计划的阶段他们走了前三步，但是否真正实现了提高危机意识、培养团队的一体感、加深对愿景和战略的理解，我认为还是有必要加以确认吧。在此基础上，作为熊木应该采取的道路，可以认为后三步是有必要进行的。

六、变革型领导的特征和技巧

在关于变革过程的分析一路凯歌行进之时，把目光投向能够发挥变革的领导力的人物并阐明其特征的研究也出现了。密歇根大学的诺尔·迪奇和哥伦比亚大学的麦阿立·蒂巴那分析了负责执行20世纪80年代美国企业的大变革、大改造的领导，从其分析结果中抽出了7个关于变革型领导的特征（图表1-15）。

图表 1-15 变革型领导的特征

	特征	
1	自任为变革的推进者	能够清楚发挥身先士卒率领组织促进变革的作用，而不是仅仅作为专业的再建者处理课题
2	有勇气	能够为组织考虑利害、采取坚定的态度和冒风险，能够面对现状
3	信任人	对他人的情绪敏感，能够赋予人们以力量。不是控制组织，而是赋予人们以动机
4	因价值观而行动	能够清楚表明自己的价值观。还能采取与各人的价值观一致的行动
5	终生学习	不将自己所犯的错误视为失败，而是作为教训来学习，酷爱自学和自我启发
6	能够应对复杂和暧昧	对包围组织的政治、文化和技术方面的变化和问题，能够基于自己的理论和原则予以应对
7	追随愿景	有梦想，能把梦想与形象转化成语言，并能就此与他人进行对话

出处：顾彼思根据诺尔·迪奇和麦阿立·蒂巴那所著《现状变革型领导》一书制成。

迪奇和蒂巴那还叙述道，为了实行组织的大变革、大改造，需要的不是单纯的管理者，而是真正的领导。这个主张和科特所说的领导力和管理是不同的那个观点有相通之处。

图表 1-16 变革型领导的技巧

	技巧	
1	洞察需求和机会（与环境合拍）	变革从某位有才气的人洞察新需求开始。所谓“有才气”，就是对周边发生的事情投入时间和关注，注意到变化时期的到来
2	无拘无束地思考（产生划时代的思想）	收集有关需求和机会的情报，建构别人想不到的新型组合，想出令人刺激的新主意。所谓无拘无束地思考，就是以能收集到的组织和市场等方面的数据为基础，组合成新型
3	设定主题（传达令人鼓舞的愿景）	将无拘无束思考后想到的主意，总结为能支撑变革方向的有说服力的主题。尤其是，让成功的组织认识到变革的必要性比较困难，这就要诉诸说服力
4	募集后援者和支援者（获得整个企业的支持，构筑合作态势）	有必要抓住恰当的后援者和支持者的心、让投资者和拥护者着迷、获得尽可能多的利益相关者的全面合作。想法越是新颖，确立合作态势就越是必要
5	放飞梦想（培育操作团队）	如能构筑后援者的合作态势的话，为了让变革成为现实，要求剩下的人也给予合作。积极进行沟通，即使遇到困难，也互助前行
6	克服艰难的中间期（顽强与忍耐）	无论多精彩的想法，在中间期都会看起来要失败。偏离预想或出乎意料的障碍产生，当初的势头减弱，反对之声渐高。顽强度过这个艰难的中间期，就会通向成功
7	表扬实际业绩（把全员捧为英雄）	成功的话，不要忘记表彰业绩、给予报酬和称颂伟业，这是领导力最后的重要的技巧。表彰不仅会激励、鼓舞士气，还有向组织全体，向整个世界宣布目标达成的效果

出处：顾彼思根据罗莎贝斯·莫斯·坎特《企业文化》一书制成。

还有哈佛大学的罗莎贝斯·莫斯·坎特，他研究从20世纪80年代到21世纪初的“变革先生”（变革的名人）。在其研究中，他认为，为了使革新和变革成功，有7个必要的变革型领导的技巧（图表1-16）是任何时代都通用的。

坎特认为，尽管这些技巧是要求20世纪80年代的领导的，但即使在21世纪的数字文化中也是有效的。

七、总结

20世纪80年代以后，特别是以美国的低增长时代为契机，巨大的企业对战略和组织进行大变革的事态频发，作为推动巨大组织的手段，个人魅力型领导力和变革的领导力成为研究的焦点。

尤其是在变革的领导力的研究中，除了领导个人的资质和行动、领导与追随者的关系这些领导力论历来讨论的问题，关于根据各个时期企业所处的具体状况，领导应该如何去做这一点，多种见解汇聚一堂。

具体来说就是，已不局限于领导与追随者日常目力所及的微观视角，而取一定时间以上的时段为轴来观察大组织的变化，探索投入（领导的行动）和产出（企业留下的业绩）之间的关系的宏观视角得到进一步的强化。

以愿景和战略为研究对象的企业战略论，注目于酝酿危机感、累积成功体验。这些关于集团心理的组织行动论都试图进行领导力的融合成为其特征。

关键词

- 个人魅力型领导的3个行动要素：康格和卡纳果。
- 领导力和管理的差异：约翰·科特。
- 对变革的抵抗：斯蒂芬·罗宾斯。
- “解冻”“变革（移动）”和“再冻结”：库尔特·勒温。
- 变革的8阶段过程：约翰·科特。
- 变革型领导的特征：诺尔·提西和麦阿立·蒂巴那。
- 变革型领导的技巧：罗萨贝斯·莫斯·坎特。

基于伦理观的领导力论

案例

Jugem 社是一家以东京为中心的看护服务企业，新沼美纪在该社的呼叫中心工作。当初在提供服务的现场工作，随后调到呼叫中心当接线员，积累了在那里工作的长期经验，因为认真且工作踏实，在中心内得到很高评价，调来不久就成为总机团队的领导，随后又成为负责接线员教育和品质管理的团队领导。就在上个月，长时间担任中心主任的笹野因病重疗养而去职，新沼被选为下一任中心主任。她的人品在中心内也是广为人知，所以这个人事变动没有人觉得意外。

笹野所在之时的呼叫中心，共由5个团队构成，3个接线员团队，外加上负责教育管理的团队和负责总务的团队。每周召开1次“领导会议”，出席的有各团队领导和中心主任，来决定大大小小的事情。新沼原封不动地继承了这套架构，把自己以外的团队领导全部留任。

就任以后，1个月过去了，也没发生什么特别的事。新沼和剩下的4位团队领导，以及作为新沼的后任升职为负责教育管理的领导的大竹，都是相处多年的熟悉的伙伴。因节奏相和，事情都进展顺利。

直到某一天，到了制定来年预算计划的时候，部长会议将在公司总部召开，新沼也被要求出席。董事和各部部长汇聚一堂，她是第1次出席这种规格的会议。与经营中枢有关的话题持续不断，不时有令她惊奇的新鲜事，特别是能够知道在团队领导职位上不清楚的公司财务状况，她再次深切地感到中心主任这一职位的重量。最后，社长开始把她介绍给出席的各位：

“正如大家都知道的那样，长期担任中心主任的笹野桑身体垮了已经退职。而接任他的职位的就是这位新沼桑。她有丰富的在中心工作经验，是个值得信赖的人。那，新沼桑，你来说几句。”

“我就是刚才社长介绍的新沼，2个月前拜受接任中心主任的任命并就职。我是个年轻的晚辈……”

因为紧张声音不自觉地发飘，总算打完了招呼。

第2周的领导会议的议题，是关于今后应提出的预算计划的。总务团队的领导船山做成草案供大家传阅。

“对此草案有什么意见吗？”

尽管领导们没有提出任何意见，新沼却觉得有放心不下的地方，就开始发言。

“关于接线员的采用，计划增员2名，这真的恰当吗？”

接线员 A 组的领导三崎答道：

“从笹野在的时候开始，就说这是下一任期希望做的事。尽管不知道是否真的能申请下来预算，但实际情况是强烈地感觉到人手不足，这样提出（要求增员的预算案）不是也很好吗？”

“实际上，在上周的部长会议上也议论过这个问题，但因为公司的利润环境相当严峻，所以这次人员冻结的可能性很大啊。”

“这样的话，就没办法了啊……”

船山想结束这个话题，三崎却并不认可。

“确实，在此时势下增员2名也许非常困难，这里的人手陆续抽出也很苦啊。接线员全员都在硬挺着干。这种情况，新沼桑也知道吧。”

“知道你们非常疲惫，但不仅仅呼叫中心如此啊，仅仅从业务上判断的话。”

“……”

为了调节沉默造成的尴尬气氛，教育管理组的领导大竹开口了：

“因为这次是提出计划，所以即使被拒绝也没关系，仅仅是要求一下试试看怎么样？实际上确实有不足感，所以也不能说是无理要求。”

人家如此一说，新沼瞬间迷惑了，但她头脑中回想起部长会议上的毫不留情的议论。如果在这里显示出模糊的姿态就起不到表率作用，想到这里她毅然用强烈的口吻进行反驳：

“如此说来，任何事情都会有几个必要的理由。不过，如果把这些事情一一要求的话，就会没完没了。公司现在无论如何也没有这个余裕。”

三崎像自言自语那样地嘟囔道：

“新沼桑以前也说过有必要啊……”

新沼并没有听漏这句话。

“因为那时候掌握的关于经营的情报没有现在这样多，所以当时那样考虑也是没有办法的事。不过，现在不一样了。作为中心主任，此后也会做出自己的经营判断，请给予理解。”

她用如此不容置疑的口吻这样一说，其他人就再也不说话了。

会议结束后，新沼在没有团队领导的会议室里，一个人开始了思考。

“刚才强势地说了那番话，此后关于那个话题，会议的冷淡气氛令人难受。尽管费尽心力地培养团队的一体感，彼此关系以此为契机崩溃的话，怎么办？冷静地思考来看，像大竹所说的那样，试着把要求写进计划、由我在部长会议据理力争的话，即使这样做得到的回答依然是不能增员，也许大家也会接受这个结果。怎么办？在那个问题上‘我必须做出决断’的想法占据了脑海……”

“但是，自己也没想到这个工作‘来自现场领导视角的判断’和‘作为中心主任的判断’发生对立的事会层出不穷。我相当明白，自己心里没有坚定的原理原则的话，也就不能在各种场合做出恰当的判断。但是我也相当清楚，自己独自下判断，就说‘答案就是这样，就这样做！’并这样指示部下的话，也算不上好。这样做的话，大家都会像今天那样，看自己脸色陷入沉默。无论如何也要避免这一点……”

理论

随着成熟化社会的到来，满足各种欲望变得容易，仅仅靠金钱报酬来提高员工的动力变得越来越难。还有，很多企业的丑闻被曝光，对不道德企业的反感也日益增强。在如此复杂的时代，此后的领导力应该是什么样子呢?

一、转向重视伦理观、精神性的环境变化

因1991年苏联的解体，持续多年的东西冷战结束，美国变得一家独大。市场原理主义和新自由主义向世界扩展的时代大幕徐徐拉开。在此背景下，企业的全球化得以进展，再加上技术的进步，时代要求企业在经营上进一步加快速度。不久，仅靠人数有限的领导来控制一切变得不可能，就必然地产生了加快授权速度的必要。

所谓授权，直译的话，是“使权力处于某种状态”的意思。这个词17世纪时开始被使用，意为给予公家的权威和法律的权限，以20世纪50年代的公民权运动为契机，开始正式在社会上使用。

在全球化扩展的同时，这个词开始被引进经营的世界。为竞争而提高决策的速度，让员工即使在相隔很远的地方也能自律地工作并创造性地应对环境变化，这些靠庞大的官僚组织是难以做到的。因此上司向部下让渡权限，让部下具有靠自己达成目的的动机，并采取支援其实行领导力行动的必要就产生了。这就是在经营中授权的思考方法。

可以认为这个授权，对具有适合达成目的的潜在能力的部下能够恰当地实施，在创造成果的过程中还可以开发部下的能力，同时提高组织全体的竞争力。

另一方面，伴随着市场主义原理的扩展，股东、证券分析师的影响渐渐增强。加之企业经营者从获得高额报酬并力图保住其职位的动机出发，也屡屡发生粉饰本企业财务状况的事件。在这其中，代表美国的大企业安然和世界通信分别在2001年和2002年，因被发现虚报盈利而破产，给予商界极大的冲击。进一步说，这些企业和监查法人的经营层在以哈佛为首的名门商校取得工商管理硕士者众多，要求重新审视商校中的教育样态和伦理观的呼声很高。

从这样的时代背景出发，与到那时候为止的潮流判然两分，将伦理观和精神性置于轴心的领导力论开始受瞩目。视角也从领导应该做什么这一“行动”，转移到领导应该是什么样这一“应有姿态”。

二、仆人式领导力

把伦理观和精神性置于轴心的领导力的代表，是仆人式领导力，其含义如下。

领导是仆人（服务之人），在其时代与局势中，为给予人们其最想谋求之物而尽力。为达此目的，不时指示引导方向，考虑如何做能让成员具有的力量充分发挥出来，必要时为其整备环境。思考的顺序是，先要有“服务”的意识，然后才是“为此而进行的引导”。

在初次听到仆人式领导力这个词的人中，也会有不适应其含义的人吧。那也许是因为，在他们的心目中领导力留下的是领导连续强力牵引成员的强烈形象吧。但是，思考领导力的精髓之际，这个概念教给我们的是领导力有各种风格。

这个思想，实际上是在20世纪70年代由罗伯特·格林里夫提倡的。格林里夫就职于AT&T管理研究中心，也在麻省理工学院和哈佛大学等高校担任过讲师。当时的美国一片混乱，越南战争、水门事件和尼克松总统辞职等大事层出不穷。对引导国家和社会的领导的不信任感聚集起来，尤其是年青一代，显露了对领导的幻灭感。在这样的时代背景中，格林里夫从赫尔曼·黑塞的短篇小说《东方之旅》中得到启发。在小说中，为使加入巡礼团的旅客过得舒适而尽力费心的仆人登场了，实际上这个仆人正是引导东方之旅的结社领导。

格林里夫认为，领导不应从对权力和物欲的执着出发而行动，而应为实现人们希望的理想的目标和社会而奋起，这样的领导依靠其崇高的伦理观和精神性而获得人们的信赖。

仆人式领导力论此后对诸多领导和研究者持续给予影响，其中包括在1980年创立美国领导力论坛的约瑟夫·加瓦斯基，此领导力论再次受到人们极大注目则是在21世纪00年代初期，那时候安然事件突起，领导的伦理观和姿态开始被强烈关注。介绍仆人式领导力思想的小册子在2002年，也是它初次问世的第25周年，再次编辑出版。

三、仆人式领导的特性

仆人式领导力之所以超越时代在今日再次得到瞩目，除了从社会的不安和腐败出发而希望对领导要求伦理上的信赖感这一社会风潮增强以外，IT 的发达、急剧扩展的全球化也是重要的影响因素。

在现代，迅速应对在整个世界运行的生意成为必要，靠一个领导把握、决断一切，履行指示成员的程序，当然来不及。因此，在何种程度上能进行有效的授权，就变得重要起来。在各种场合，为了让成员具有的力量得到十二分的发挥，在取得成果的同时得到历练，并进而提高业务的精度和表现，领导正确把握每个成员的资质，建构使其能充分发挥的环境，并能教导使其具备动机等能力就成为关键。

让分布在世界各地的多种多样的员工同心协力向同一个方向努力，让他们具有相同的愿景和价值观成为必要。也就是说，企业理念本来就要求，在现场约束全员的领导也要拥有坚定的信念和价值观。如果成员在那里感觉到了私利私欲和违反伦理的意图，他们的心就不能集结。仆人式领导不是从权力欲、支配欲、物欲和明哲保身出发而行动，而是为服务于员工、顾客和社会而奋起。如果不是这样，就难以聚集多种多样的员工的信赖。

案例中的新沼也深切体会到，自己判断一切并指示这一风格的界限和尊重部下的判断、取得希望的成果的必要性。但在此基础上，她还有必要理解，要达成聚集成员的信赖来提高组织的向心力（团结）这一目标，不能用“因为这是公司上层的决定”“判断有生意上的利益”这样的理由来说服成员，而是要求提示能够获得进一步共同感的价值观。

那么，让我们再一次看一下，世上诸多组织中仍然可以看到的支配组织型领导和仆人式领导有何不同。继承格林里夫的意志，在世界上进行传播仆人式领导力概念的NPO（非营利组织）法人——仆人式领导力协会，将服从支配型领导和仆人式领导的成员行动的差异整理如图表1-17。

图表 1-17 不同领导力下的成员行动

服从支配型领导的成员行动	服从仆人式领导的成员行动
主要因恐惧和义务感而行动	主要因想做的心情而行动
决定按照被要求的那样做	决定能想办法的地方就想办法做
看领导脸色行事	集中全力做应该做的事
仅仅注目于具体工作和指示	意识到领导展示的愿景
有服从于领导的感觉	有和领导一起活动的感觉
不太信任领导	信赖领导
容易自我为中心	容易掌握对周边人有作用的姿态

出处：NPO 法人仆人式领导力协会的主页。

在支配型领导之下，成员表面上似乎顺从地面向工作，但有“口服心不服”的可能性，在领导目力不及的地方是否会用同样的姿态面对工作是存疑的。另一方面，在仆人式领导之下工作的成员，可以看到出于内在动机的自发行动。饶有趣味的是“易于掌握对周边人有作用的姿态”

这一点，这也可以解释为想作为哪位的奴仆而服务的姿态。也就是说，在仆人式领导之下工作，易于育成将来的仆人式领导。

那么，能够培育这种面向未来的追随者的仆人式领导，具有怎样的特性呢？

继承格林里夫的想法的格林里夫中心（原来的应用伦理研究中心）的前所长拉里·斯皮尔斯，在1998年发表了《奴仆领导力的10大特性》。引用奴仆领导力协会的介绍，仆人式领导是具有图表1-18所示特性的人物。

图表 1–18 仆人式领导力的 10 大特性

仆人式领导力的 10 大特性
倾听：为听出对方的所愿，首先要仔细听对方的话，思考怎样做才能起作用。还要倾听自己内心的声音
换位思考：站在对方的立场上，理解对方的心情。以人都不是完美的为前提，任何时候都接受对方
治疗（慰藉）：不让对方的心受伤，使其找回本身具有的力量。在组织和集团中，就能够相互弥补欠缺的力量
关注：根据敏锐的知觉，看到事物的本来面貌。无论对自己还是对对方都能够得到注意。能够关注对方
以理服人：与对方达成共识，就能够促使对方同意。不依据权限，不强求服从
概念化：有巨大的梦想和愿景的概念，能够向对方传达这一概念
先见之明：能够将现在的事情和过去的事情相对照，从中通过直觉预想将来的事情
甘为公仆：给予对方利益比自己得到利益还要高兴。懂得让一步
关心每个人的成长：对促进伙伴成长的事情深度践行。关注每个人潜藏的力量和价值
构筑共同体：创建兼具慈母严父功能的，能够让人长大的共同体

出处：NPO 法人仆人式领导力协会的主页。

在环境的变化剧烈、全球化全面推进的现代，通过将仆人式领导力在公司内扎根而取得巨大进步的企业也不少，在航线史上几度创造辉煌的美国西南航空就是其中一个例子。

该公司长年将“员工第一”奉为圭臬，同时也将向客户提供高质量的服务作为使命，而这个使命之所以能够达成，正是因为员工主动采取了为公司出色工作的姿态。承诺提供有公平的学习和成长机会的劳动环境，员工在公司内将被尊重和关心，作为公司理念予以明示。该公司CEO 加里 · 凯利在公司网址的首页上明确地写着：“我们的员工，是公司最大的强项，是永续长期竞争的优势。”

该公司就是这样一个让每个员工所具有的力量能够得到最大限度发挥的环境，工作上加大斟酌办理的自由度，这引出的是令人满意的行动：员工在现场超越职责互助，自主实施根据现场判断与客户满意相连接的服务。可以说这正是仆人式领导力付诸实践的好例子。

四、真正的领导力

真正的领导力这个概念广为人知，可以认为是从21世纪初期开始的。以美国为根据地的美敦力公司的前 CEO 比尔 · 乔治，被认为是该概念的提倡者之一。他是把美敦力公司送上世界上最先进的医疗技术公司宝座的功臣，在他担任 CEO 的11年间，该公司的业绩大幅度提高。在2001年，他被美国管理学会这一权威机构评为“年度风云高阶经理人”。

这个乔治在2003年著书《真诚领导力》。他指名道姓地提到安然公司及助纣为虐的安达信会计师事务所，指出“商业企业崇拜方向错误的英雄，就会面临向破产之道突进的现实”。

乔治加强了被股市压力和财富欲望晃瞎双眼的CEO们在伦理观和道德观上的危机感，主张正是现在有树立真正的、新的领导形象的必要性。所谓新的领导形象，是“具备高度的统合性，献身于构筑永续的组织”“具备确实的目的意识，对自己的核心价值观忠实的”“具备建立起应对所有股东需求的企业的气概，且理解服务于社会之重要性的”人物。也就是说，是authentic（真正的）领导。

authenticity（真实性）这一概念扎根于希腊哲学，由来于“自身要正直”这一格言。那么，自身要正直指的是什么呢？它当然有根据自己本来的价值观和信念行动是重要的这一层意思，也有应该存在于其自身的价值观和信念的根底是什么这一层追问之意。

屈从于来自股东的对自身利益的压力，想粉饰决算的领导，当然偏离了真正的概念。任由自己的非分欲望发挥强力的领导方式，把自己周边的人导向毁灭之途的领导也在真正这一范畴之外。也就是说，在真正这一概念里，没有伦理观、诚实和对他人的真爱是不行的。自身之心真正正直与在伦理上选择正确的行动相连，成为与他人建立起信赖关系的要素并会带来善果。这个思考方法在某种程度上，站在“人性本善”的立场，也有与人性心理学和积极心理学相通的地方。

在此概念的流变之中思考的话，我们也就会同意乔治的主张。

authentic 这个词汇中除了包含“事物本身的”“真正的”等意思外，还包含着“能够信赖”“可以依靠”和“基于信念”等含义。

五、真正的领导的特性

那么，所谓真正的领导是怎样的人物呢？根据作为这个题目的研究者而著名的华盛顿大学的布鲁斯·阿波里奥的定义，他们是对自己怎样思考和行动有深刻的自觉，一旦自身的价值观、伦理观、知识与其他人相比显示出强大，就会被发现的人。他们理解自己所应对的状况，拥有自信、充满希望、乐观、抗打压能力强并具有高尚的伦理观。

比尔·乔治进一步认为，真正的领导应具有以下5种特性：

- 透彻理解自己的目的。
- 基于坚定的价值观而行动。
- 满怀真心，予以领导。
- 构筑牢固的人际关系。
- 严于律己。

诚然，具备全部这样的特性的话，可以说就是理想的领导了。但是，不做任何努力，就设想某一天会成为这样的领导，那是不可能的。领导们有必要通过人生的种种经验使自身得到成长，开发能力和特性。因此，有一种观点认为，领导自身在包括私生活的整个人生中不断提高自己的能力，应作为真正的领导力的一个特征给予重视。

在有真正的领导的组织中应注目的是他对追随力的影响。接触真正的领导发挥的领导力，每日耳濡目染的追随者们，在领导的姿态中看到了可以模仿的范本，感觉到了一体感和信赖，在接受领导种种支援的同时，就会在充满幸福感的职场中努力工作。结果，追随者的表现有持续的活力，易于和作为组织的成果连接起来。

还有，在如此正能量的领导与追随者的反复交流中，团队气氛[①]也在伦理上充满了相互支援的精神，组织本身也会被加强为一个让人发挥长处的地方。在真正的领导力中，领导自身作为人的成长，对追随者的培育也贡献良多。关于真正的领导力全过程的整体形象，请参看图表1-19。

---

① 原文为“组织风土”，作者是将组织比喻为地方，每个地方有自己的风土，所以每个组织都有自己独特的组织文化。——译者注

图表 1-19 真正的领导力过程

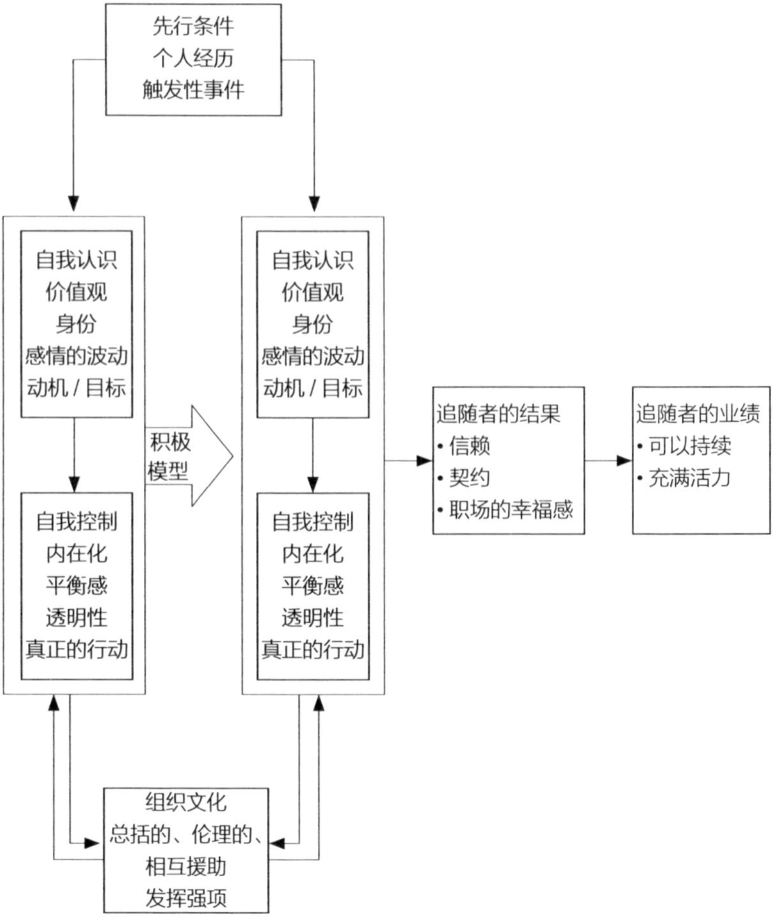

出处：*Can you see the real me?* A self-based model of authentic leadership and follower development. The Leadership Quarterly 16 (2005).

六、真正的领导的成长步骤

真正的领导力论的特征在于，领导自身经过种种经验向真正的领导成长这一点。也就是说，主要着眼点在于领导力开发。因此，在以哈佛为首的多所商校，开设了关于真正的领导力开发的课程，展开了能找到学生自身职业生涯上的目的、对自身价值观的理解、动机的源泉和人生的统一规划等内容的计划。

比尔·乔治和彼得·西蒙斯合著的《真北》在这个课程中也被作为教材采用。该书以对多达125位的多领域领导的采访为基础，又从其中严格选出适合真正的领导标准的领导，从他们到采访当日的人生之路中，揭示出他们为开发“最高的自我”而采取的具体做法。

他们基本上按照这样的步骤前进：在按阶段对自己持续提问的过程中，从4个角度加深对自己的认识，找出真正的目的和通往领导力目标的方向。构成其大要的是，前已述及的真正的领导的5要素（目的、价值观、真心、人际关系和自我控制）。在图表1-20中，作为向贯穿着自我特性的领导成长的步骤，介绍了供自问自答用的8个问题。

成为真正的领导的道路是个漫长的旅程，在人生中人本身的成长可以说也是如此。怎样把种种经验变为自己的血肉，甩掉不需要的东西？接下来，怎样灵活运用自己的经验与智慧，贡献于成员的成长？进而如何打磨自己，扩展影响力，为组织带来成果？在常常自问自答这些问题的同时，自身也必须成长。

图表 1-20 向贯穿着自我特性的领导成长的步骤

1	回首时至今日的人生，对自己影响最大的是何种人物或者是何种经历
2	为了提高自己的认识能力，你将怎样的事情挂念于心？真正的自我是怎样一个人？在怎样的瞬间你感觉那是真正的自我
3	在自己的内心深处的价值观为何物？这起因于什么？与孩提时代相比，价值观有无大的变化？该价值观与何种行动相连
4	促使自己行动的外在或内在动机为何？在人生中，如何平衡外在动机和内在动机
5	在自己的周边有怎样的后援团？为了实现贯彻有自己特色的领导力，后援团起了怎样的作用？为了拓宽视野，在提高团队多样性方面，采取何种措施为宜
6	自己的生活态度是否一贯如此？在生活的所有方面，例如在职场、职场外、家人面前和社区之中，你能保持是同一个人吗？如果并非如此，是什么妨碍了你这样做
7	活得像自己，在人生中具有怎样的意义？做真实的自己，是否提高了作为领导的你的能力？作为把活得像自己贯彻到底的领导，是否要做出某种牺牲？你认为这样做值得吗
8	为了将活得像自己视为珍宝而成长，今天、明天和今后一年内你能做什么

出处：比尔·乔治、彼得·西蒙斯、安德鲁·马库林、迪阿那·梅耶《富有自己特性的领导力》。

关于案例中的新沼，她应该做的不是用“因为我公司的经营环境严酷，哪怕少也必须削减成本”这样外发的动机来发挥领导力，而是应该对照自己的价值观仔细思考诸如“Jugem 社的业务为什么是必要的”“呼叫中心的业务为什么是必要的”“应该向谁提供怎样的价值观”这类的问题，把与内发的动机的结合作为课题。如果能够向周边的人传达自己的价值观和动机并让他们带着这些去推动组织的话，那么就可以成为她作为领导已经成长的证明。

我们也可以说，所谓真正的领导力，是纵贯人生的壮大行动，是一场赛跑（通过为应对现实的问题而进行的行动，个人、集团不断学习）。

七、总结

领导力理论的变迁，是反映时代的镜子。在市场经济扩展、企业规模急剧扩大、日本企业等新选手的出现导致竞争规则大改变的时代中，要求的是能够对非特定的众多追随者给予影响、促进变革的个人魅力型和拥有愿景构筑力的领导。

但是，进入21世纪，映入我们眼帘的是，在市场原理主义之下人的脆弱性和在虚构中展开的经济的无序运行。从安然事件开始，到2008年雷曼冲击发生，我们迎来了世界金融危机时代。另一方面，全球化渐次扩展，将特色各异的国家和人民卷入其中，更是加深了混乱。

在日本，因为2011年的东日本大地震，很多人的人生观和价值观被极大动摇了。在这样的时代中，在思考领导力的理想样态之际，在继承已有的观点和技术的同时，也必须面对诸如“对诸多人等给予影响的领导，到底应该是什么样子呢”“作为一个人，本来应该是什么样子呢”“所谓创造理想的社会和美好的未来，指的是什么呢”这样刨根溯源的问题。

现在，对领导的期待的重心，除了作为指导者的力量，正移向作为人的本质、品格和精神性。

关键词

- 授权。
- 仆人式领导力：罗伯特·格林里夫。
- 仆人式领导力的10大特性：拉里·斯皮尔斯。
- 真正的领导力：比尔·乔治。

第2章

与领导力关联的组织行动

第2章的概要与构成

一、概要

组织的动力，规模虽然不同，议论的焦点却一直聚集在“领导其人”。

另一方面，在今日，要想理解领导力，仅仅注目于领导是不充分的。注目于组织行动全体及人的行动心理等的理论，也增加了重要性。试而言之，从“何谓组织”“何谓人的心理”这样更为大的问题出发推导出洞察和规则，并将其应用到领导力的尝试是必要的。

在第2章之中，我们从这样的组织行为学的观点中，选取几个重要的予以介绍。

二、要点

（一）权力和影响力

在多样性和相互依存性增强的现在的商业环境中，仅靠原来的上司部下的关系无法完成工作。因此这就要求我们对推动自己周边的人和其他部门与组织的种种权力与影响力予以解说。

（二）追随力

在扁平化的组织之中，追随者自律地思考、积极地参与组织是重要的。即在为将来的领导力发挥做准备的意义上，解说在追随者阶段应该怎样对待工作。

（三）网络

因为互联网和社交媒体的普及，人与人之间的“联系”也发生了变化。本节抓住人及思想、网络与生意的联系、发生变革的要点等。

（四）非常时代的领导力

我们的时代被称为不确定性高的时代很久了。美国的9 · 11恐怖袭击事件、日本的东日本大地震等前所未有的事态，在应对出人意料的危险这一意义上，也为商界留下了宝贵的教训。本节解说应该如何应对在动荡环境下的非常时期。

权力和影响力

案例

“强大系统社”是系统公司中的大企业，马场拓海担任该社的销售部经理。该社迄今拥有压倒业内同行的强大生产能力，通过单一产品的贩卖扩大着自己的业绩。近年来，它接受了因竞争而对服务产生的多样化要求，通过收购其他公司的业务而向多种经营转型，扩展了自己能够提供的解决方案的范围。

然而，收购的业务还没有成效，在解决方案扩大的部分中，营业额和利润双双保持低迷状态。对此感到危机的公司经营管理层，决定把向客户提供整体的解决方案作为今后的营销战略。

马场就是在这种状况下，被从营业企划部调到实际承担客户开发的营销部门，与此同时职位也升为部门经理。整体解决方案是马场在营业企划部的时候就开始提倡的，但一直没有实现。因此，马场觉得应该在自己的团队里予以推进，于是召集10名成员，开始了讲演。因为战略本身在公司内已被宣传了一段时间，加上马场富有条理的阐述，成员们对此的理解加深了。

但是，此后一个月过去了，成员们给客户的提案和以前比没有变得更好，可谓毫无起色。马场想，可能是因为他们不清楚具体做什么样的方案好吧，就试着召开学习会，会上使用自己在营业企划部时做过的资料。然而，尽管做了如此努力，却一直没有效果。

这时候，领导闯了进来说，大客户皇家百货店希望给他们做一个新提案。马场把这视为一个好机会，认为做一个能与订货相连的整体方案，可以作为成功范例在全公司推广。

然而，他对主要负责皇家百货店的杉山的方案进行事前检查时发现，内容以单一产品为中心，与过去的提案并无大的差别。确实，以这个内容也许也能获得订货，但仅仅这样做，对全公司的营业额和利润贡献不大。马场向杉山提出建议："试着用整体解决的视角思考一下如何？我想这个资料可以为你提供参考。"边说边将自己营业企划时代的资料递了过去。

一周以后，因为交提案的日期也迫近了，马场就把杉山找来再次检查提案，却发现提案依然不是自己想要的东西。对于马场的提问，杉山是如此回答的："本人和皇家百货店打交道很长时间了，因为和他们建立了很牢固的关系，现在难以做出一切归零的整体解决方案。而且，我想对方可能也不想这样。如果无视这些具体情况，实行都以我方的方便为基础的方案，今后两公司之间的关系有恶化之虞啊。"

确实，在杉山负责的5年间，皇家百货店被培养成了大客户。对方的情况和想法，他比公司内任何人都清楚。马场在新上任时对该客户进行过礼节性访问，但对具体情况不清楚。

马场想尽量稳健地传达自己的意图，但就这样的话，看起来到什么时候杉山的提案也不会变。自己对部下杉山，应该下达要做出汲取自己意图的方案的命令吗？还是像杉山所说的那样，这次应该不拘泥于整体解决方案把事情向前推进？对无视本公司乃至自己意图的部下，应如何应对？

理论

在推进生意的基础上，对自己想实现的东西，未必能得到周边人的赞同。在这样的状况中，让周边的人参与进来并完成任务，什么是必要的呢？美好的愿景、正确的战略、有逻辑地交流，还有发出指挥命令的权限是重要的。然而，有这些的话，人和组织就能运转了吗？还有，用强力推进的方式的话，会不会产生危害呢？人和组织的运转，依靠的是怎样的机制？

在这里要介绍的是“权力”和“影响力”这样的概念，它们一般作为“让人运转”的机制，我们试着探讨将这些概念灵活运用到“让组织运转”的目的上去，应该如何做。

一、何为权力

时常会出现这种情况，在把同样的内容向同样的职员做指示之时，

A 部长说的话就进展顺利，而 B 部长说了就没什么进展。一句话，就是“让人运转的能力”，但这里面有种种因素纠缠在一起。

斯坦福大学的杰弗里 · 费法对此进行了详细的分析，他将权力定义为“对行动施加影响、改变事物的方向并克服抵抗，让不这样就不动的人实行某事的潜在能力”。根据他的说法，权力大体上可分为正式之力、个人之力和关系之力3类，而每一类权力都可以还原为几个要素。在让人和组织运转之时，有必要理解这些力的差别并分别使用。

（一）正式之力

正式之力以强制力、奖赏力、正当权力和情报力为源泉。

强制力是决定人的配置或使其降级的权限，而报酬力则是给人升职、加薪的权限。于是，人们把包括强制力和奖赏力在内的组织上的权限称为正当权力。而所谓情报力，是指能够接触、控制人事情报等非公开情报的能力。

这4种正式之力，不仅作用于人的合理判断，也作用于感情上的判断。例如，谁也不能反对拥有绝大权限的经营干部的决定（即使心里不是那样认为），就是以对正式之力的恐惧感和顺从就会得利（合理的判断）为背景的。

人们会倾向于认为，有了正式之力就会轻松地使人和组织动起来，但不是这样的情况也很多。例如，新上任的管理者，尽管拥有作为管理人员的权限，即使想用这种权限让人和组织动起来，却受阻于组织和部下的抵抗而不能顺利运转的情况多有。因此，正式之力以外的力——个人之力和关系之力就重要起来。

（二）个人之力

个人之力以专业力、同化力和个人魅力三者为源泉。

所谓专业力，说的是依靠专业的知识、技术和特殊的技巧而产生的力。所谓同化力是想变成和令人尊敬的上司一样的人而产生的力。于是，作为同化力的极端表现形式，便有个人魅力。例如，公司内技术方面无出其右的工程师的意见会通过，就是该人有专业力的缘故。不在直接报告之列的领导深孚众望是因为同化力在起作用，而公司创始人和中兴之祖对经营产生影响则可以认为是个人魅力在起作用。

费法说明道，这样的个人之力，是在极其精通业务、靠良好的业绩在公司内构筑起牢固的地位的情况下才能拥有的东西，为了获得它们，要求具有集中力、活力、耐力和拉拢对立者的意欲这一在竞争激烈的职场中能够生存下来的能力与特性。

（三）关系之力

正式之力和个人之力说到底毕竟是归属于其个人的力，在使人和组织运转之际，不能仅仅依靠它们，还要依靠其他人之力，这就是关系之力。应该通过取得对自己的支持、构筑网络的方式来加强自己的基础。例如，政治和企业中的派系，因为是拥有力量的网络中的一员，就能够使他人动起来。

为了获得关系之力，需要能够体会他人的感受、保持自己主张的弹性和不时隐藏自己的私心这样的能力、特性。

二、所谓影响力为何物

我们知道，即使就任的是同一个职位并拥有同一程度的知识量，“运转人的能力”却未必相同。那么，拥有同等程度权力的人向相同的人行使权力的话，也未必能使对方同样地行动起来。也就是说，“力的使用方式”变得重要起来。费法将其称为影响力，并定义为“灵活运用、实现潜在的权力构成的过程、行为和行动”。

考察影响力之际，关于人的心理的知识就成为必要。在心理学研究中，有一点已经弄清楚，人在发起某种行动之时，如果找到某种可以成为诱因的特征，就会无意识地对此特征做出反应。社会心理学者罗伯特·查尔蒂尼在其著作《影响力的武器》中，列举了回报性、许诺与一贯性、从众心理（社会的证明）、好意、权威和稀缺性6个要素作为人无意识地决定行动的诱因。

如能巧妙使用以这6个要素为基础的影响力，即使在自身不具有充分权力的情况下，对运转人和组织是有用的。但是，由于其效果的强度，在关于影响力行使上有需要特别考虑的重要之点。那就是决不能仅仅流于技术地恶意行使影响力这一点。

也有利用影响力进行管理和营业活动的企业和营销人员，但如果过度使用，就不难与互不信任和不当竞争相连接。意识到对方在利用影响力中的某个手法，有人际关系受损之虞。

还有，即使目的不错，欺骗、操作对手那样的行为中有伦理的问题，需要慎重地判断。

（一）回报性

所谓回报性，是指强烈地感受到，通过向对方提供某种有价值的东西，对方必须对自己给以回报。因为是先提供了某种东西，随后才委托对方做某事，对方接受委托的概率就会高。

向对方提供的东西，可以是对自己没用的东西，在没有东西可提供的情况下，让步也会有效果。这个回报性，就像“give and take”（给了再拿）这句话表述的那样，作为构筑有益而持久的人际关系规则是我们从小就被教育的。回报性拥有大到极端的强大力量，有时候会凌驾于其他影响力之上。

（二）承诺与一贯性

所谓承诺与一贯性，是指人们倾向于采取与自己一度承诺及与自己的价值观保持一致的行动。人倾向于让自己的语言、信念、态度和行动保持前后一致，也希望从他者眼中看来自己也是前后一致的人。因此，就容易同意与最初承诺的内容一致的要求。

在此背景中，有心理学上所说的“认知不协调”。也就是说，不遵守自己发表的目标的话，就会有认为自己不是前后一致的人的压力。他就会为避免这种情况，而努力达成目标。

将此种心理应用到谈判术中，就是在销售的世界中广为人知的“foot in the door technique”（脚先进门策略）。人一旦答应了小的要求，结果就会答应此后更大的要求。

（三）从众心理（社会的证明）

为显示从众心理，美国的心理学者斯坦利·米尔格兰姆曾经做过实验。一个研究助手在纽约的人群中突然止步，向天空连续眺望60秒。几乎所有的行人都没注意他在看什么，避开他继续前行。米尔格兰姆随后将眺望天空的助手增加到4人。那么，行人会有怎样的反应呢？

增加到4人的结果是：一起和研究助手眺望天空的行人数增加到4倍以上。在这里起作用的原理就是从众心理。

所谓从众心理，就是在某种状态下依据他人的判断和行动，来决定自己的判断和行动。在自己没有确信之时和倾向于模仿和自己类似的他人的情况下，这个原理特别有效。例如“销量第一”这样的宣传文字和店铺里排的长队，因为很多客户都在买这种商品，人们就会无意识地判断这是一个好东西。

（四）好感

这是指人有容易接受自己对其有好感的人提出的要求的倾向。让对方有好感，有如下5种类型：

- 具有让人感到才能、知性的身体魅力的人。
- 与自己有相似性的人。
- 给予自己赞扬的人。
- 感觉有相互合作可以成功等亲密性的人。
- 把令人满意的现象和自己联系起来的人。

要点在于，不仅是魅力和亲密这些一般来说容易和好感结合的要素，就是“和自己有相似的地方”“时不时能看见”程度的事情也在心理上发挥作用。例如，在政治家和企业领导参观工厂之际，有时候穿着和现场工作人员一样的制服。这也是因服装而造成类似性，形成好感的行动。

还有，即使是开始人际关系不紧密的团队，也有随着不断的会面产生一体感的情况。这是因为单纯接触次数的增加而开始感到相互间的亲密性的缘故。

（五）权威

心理学的研究者查尔斯·霍夫林，做了下面的实验。给分布在某医院住院处各个楼的22处护士站打电话，号称自己是该院医生。随后向护士长下达给某个患者20mg的雌性激素的指示。这个药剂在该院是不允许使用的，而20mg的用药量是通常一日用药量的两倍。而且，护士长也知道这个用药量是危险的。这个实验是要看看护士长中有多少人会从药架上取出雌性激素并奔向病房。

结果，95%的护士长服从了号称医生的霍夫林的指示，想给患者用药。这个结果所显示的是，在医院中，医生是具有权威和专业知识的人物，人们易于服从他的指示。

因为服从具有杰出知识的真正权威与本人的利益相连，所以人自小就被教育服从家长和老师等权威人士。受此影响，即使面对的不是权威的实体，而只是纯粹的象征（肩章、服装等），也有反应的倾向。

（六）稀缺性

所谓稀缺性，是指人一旦失去机会就会把该机会视为更有价值之物的倾向。难以到手的东西往往是贵重的东西，知道难以到手，就会更加想要。这在加了新的限制的场合和与他人竞争的场合，就会发挥特别强的作用。

例如，在与其他公司或其他部门争夺人才等资源的场合，就会认为所争之物具有本来价值以上的价值，有必要注意这一点。

三、运转人和组织的方法

像案例中的马场那样，现在开始考虑运转人和组织的手段之际，怎么做好呢？笔者们认为像图表2-1那样，大致分为5个步骤予以解决方为有效。首先我们来概观一下让人动起来的5个步骤，然后再对其中的几个进行详细的解说。

图表 2-1 让人动起来的 5 个步骤

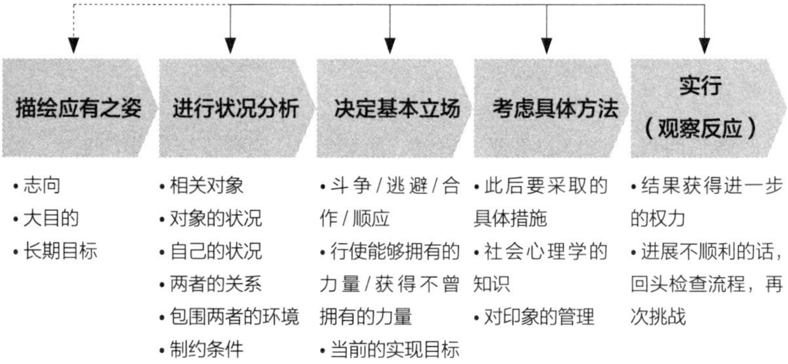

第1步是对自己“应有之姿”的描绘，就是具体描绘自己抱有的志向、长期来看的目标和目的。在行使影响力之际，希望再次意识到这个“应有之姿”。自己要实行的影响力植根于怎样的“志”之中？是为了达成怎样的“大目的”？是为了接近怎样的“长期目标”？不能明确回答这些问题的话，希望读者返回到第1步。

应有之姿越是雄大，就越是难以马上实现。因此，第2步的“分析状况”就变得很重要。相关对象的状况如何？与此相对，思考自己的状况，看看对象与自己的关系，确认对象是否能听自己所言。在这里，有必要观察对方的关心所在和与其的依存关系。

接下来，在第3步中，决定“基本立场”。遵循与对象的关系，决定在是否主张自己的意见？是否接受对方的意见？应该如何应对？等问题上的自己的立场。要注意的是，应该采取怎样的立场要根据第2步“分析状况”的结果。其分析过于乐观的话，在第3步中就不可能采取有效的立场。

为使自己的立场顺利发挥机能，就要在下面的第4步中思考具体的“方法”。基于社会心理学的知识，思考怎样作用于对象，如何易于获得面向实现自己的应有之姿的合作。

最后的第5步是“实行”。根据实行所获得的反应，有必要再次返回应有之姿和状况分析等此前的步骤。

四、分析状况的视点

在第2步“分析状况”中成为被分析对象的是：对方的状况、力量、相互的依存关系。以下分述之。

（一）分析对方的状况

首先，有必要熟悉对方。不管自己怎样进行作用，最后要行动的还是对方。分析对方所处的状况，对方对事物的看法、思考方法、性格和决策时的癖好等都要事先尽量予以把握。

当此之际，重要的是不要被片面的看法和先入为主的偏见所左右，而要从各种角度来看问题。例如，巴步松大学的阿兰·科恩和斯坦福大学的大卫·布拉德福德在二人合著的《影响力的法则》一书中，以"'对手的世界'理解程度测试"为题，将分析的线索列举如下：

- 主要作用及职责范围。
- 工作上的优先次序。
- 评价基准。
- 主要的关联部门、关联者。
- 职业生涯的方向性。
- 工作作风、交流风格。
- 担心、压力。
- 工作经历。
- 教育背景。
- 业余爱好。
- 核心价值观。

针对这些项目，必须确认自己知道的部分并探讨如何把握自己不知道的部分。

（二）分析力量

分析对方和自己各自具有怎样程度的力量。如果对自己的力量过于自信，或者低估了对方的力量，即使想运转人和组织，也会导致完全无法运转的结果。有必要根据力量的分析结果，冷静地分析自己的意见在多大程度上会被接受和拒绝。

（三）看透相互的依存关系

看透自己与对象之间是否存在相互依存关系也是重要的。例如，决定自己是否听从对方意见的是，是否存在必须听取该意见的理由。同样道理，对象是否听自己的话，根据对象对自己的依存程度会有变化。

说到依存，人们也许只会想起部下对上司的依存关系，实际上，上司依存于部下的情况也很多。在把繁杂的事务性手续和日程管理交给部下时，上司就开始依赖部下了。如果是经验丰富的部下，时不时会有比上司还熟悉业务内容的情况。

产生依存的源泉有以下3个，重要性（拥有能解决组织当前面对的课题的重要资源）、稀缺性（拥有重要性的资源的供给稀缺）和不可替代性（代替重要且稀缺资源之物稀少）。

对于自己想让其动起来的对象，在自己拥有依存的资源的情况下，就容易让他动起来，反之就不容易让他动起来。新到任的管理者即使想让部下动起来，如果依存的资源少，而经验丰富的部下方面拥有重要性和稀缺性的话，作为上司就会很累。

五、基本立场的选项

在决定基本立场这个第3步中，对于自己想实现的事情，在相关者意见纷纭、无法得到赞同的情况下，也就是说，在有某种冲突的情况下，如何应对便是个大问题。对于如何化解冲突，自己能采取的立场有2个选项。一个是是否坚持自己的意见，另一个是对对象是否采取合作的态度。

如果把这两个选项像图表2-2那样用矩阵表示的话，根据各自态度的强弱，我们就会发现有逃避、竞争、适应、合作和妥协5个选项。

图表 2-2 冲突风格

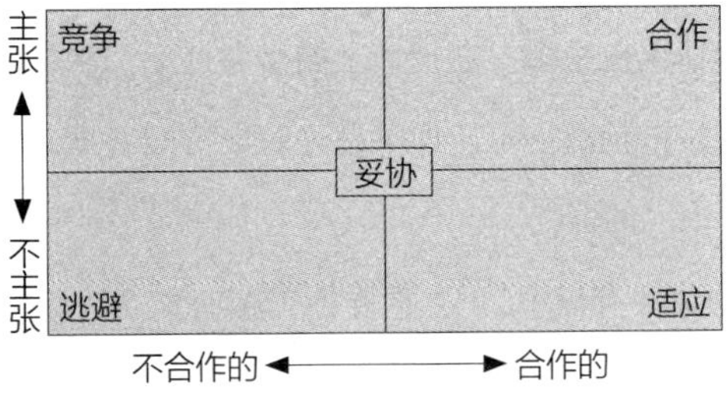

出处：斯蒂芬·罗宾斯《组织行动的管理》。

将其应用到案例中马场所处的状况的话，马场就会有以下3个选项：将整体解决方案这一自己想实现的想法强加给部下杉山（竞争）；不坚持自己的意见，听取杉山所言（适应）；在坚持自己的意见的同时，也听取杉山的意见并谋求更好的解决办法（合作）。探讨采用哪个选项之际，作用于对象的哪个方面就成为关键。具体来说，是用合理性来作用（说服）呢？还是用感情作用（打动）呢？

所谓用合理性来作用，指的是靠正确的愿景和战略、有逻辑地交流或正式的权限来作用，得失的计算也要纳入合理的判断。要想让人和组织运转，合理的说明是必不可少的。但是，即使主张的是正确的意见，也不意味着对方会自然接受并付诸行动。也会有这种情况，对自己来说是正确的事，对对方来说却未必如此。还有，正确的意见未必只有一个，也有几种意见都正确的情况。仅仅予以合理的说明，事情却没有进展的情况很多。

因此，在合理性的基础上，情感方面也给予作用，从情理两方面说服对手就显得很必要。所谓作用于感情方面，并非单指靠有魅力的愿景予以鼓动。对令人尊敬的领导的好感属于此列，令人信赖地行动也能起这方面的作用。反过来，培植恐怖感也会让人被迫服从。

还有，对情与理的作用常常也不限于有意识的行动。在无意识之中，却最终起了作用，有这个经验的人也很多吧。因此，对以影响力为代表的、在无意识之中就让人动起来的机制加深理解就变得重要起来。

六、宜在何时行使何力

决定了基本立场的话，下一步就要考虑如何行使力量了。那如何分别使用前述的正式之力、个人之力和关系之力等种类各异的权力呢？还有，也未必总是使用权力。当前不使用权力，致力于收获、积累，或者使用权力以外的要素（影响力）而使事情运转，也是一个选择。

那么，什么情况下可以判断为行使权力有利呢？考虑使用权力，首先必须判断自己握有的权力对自己想让他动起来的对象的需求和感情是否有效。尽管对比自己职位高的人不能使用正式之力，但如果持有对对方有效的个人之力、关系之力等力量的话，也能够凭此让对手动起来吧。尤其是专业性和实际业绩等，对上司来说也是强大的力量，就会出现这种情况。

在行使权力的风格中，既有让对方自觉到“依存于这个人”并以此自觉为盾而直接使用正式之力的类型，也有因被认定为具有丰富的经验和知识、被认为“与这个人合拍”而行使个人之力的类型。还有一种间接的做法，那就是不直接用那种方法作用于本人，而是先影响他周边的人。

不管用哪种办法，都有必要再三思考应该使用何种权力。在使用基于正式权限的权力之时，尤有注意的必要，如果过分强压，有造成对方反击之虞。

哈佛大学的林达·比尔认为，在开始拥有权力的最初一段时间，必须赢得部下、同事以及上司的信赖，这样做的话以后就可以树立权威，尤其是新上任的管理人员，应该使用正式权限以外的一切之力来使组织运转。

从被称为20世纪最牛经营者的杰克·韦尔奇手中接过通用电气 CEO 宝座的杰夫·伊梅尔特，于2004年置经营团队高层的反对于不顾，毅然加快被称为“绿色创想”的以太阳能发电和风能发电为首的环境产业。尽管被认为滥用了作为 CEO 的权限，伊梅尔特说了下面这番话：

“我曾经在一年中5次对高级管理人员说‘希望你像说的那样去做’。说到第6次的时候，开始有人辞职。如果是3次的话，就起不到控制的效果。”（大卫·马吉《伊梅尔特的通用之道》）

如果对想让其动起来的对象不具有有效的权力，就有获得权力的必要。正式之力也许不能马上获得，但个人之力和关系之力只要努力就能够获得。还有，如果用现在就具有的力获得成果的话，这个实际成绩也会成为孕育新的个人之力的源泉。

在有冲突的情况下，不要轻易地与对手进行竞争，根据情况也可以选择适应、妥协，这一点需要提前留意。

专栏：对手力量强的情况下的运转方法——管理老板

相对于自己想达成的工作或想使其动起来的对象而言，在自己只具有相对弱的力量的情况下，除了花时间获得力量外没有其他办法吧。尤其是在想让比自己更拥有力量（权力）的上司动起来之时，或是想让自己的直接权限所不及的其他部门动起来之时，作为能在短期内取得成果的方法，都有怎样的方法呢？

在让上司动起来的场合，管理老板是有效的。具体来说就是，在与上司建立良好的关系、掌控上司的期待的同时，实现自己希望达成之事、赢得上司的合作。

约翰·科特说，管理老板的方法主要有以下3个。

一、了解上司

这是指了解上司持有的目标或目的，进而理解其所承受的压力。上司不赞成你的想法，可能是这些因素发挥影响的结果。还有，了解上司的强项和弱点以及工作风格也是必要的。想让上司与自己合作，以让上司的强项得以发挥为宜，如果与他的弱点相关，即使请求其合作也难以成功。所谓工作风格，是指对接收报告形式的偏好，是要求书面形式的整理好的报告呢，还是口头的也可以但要比较频繁且及时的报告呢？

二、了解自身

与了解上司一样，事先要了解自身。自己的强项和弱点不要和上司重合、与上司的工作风格合拍是要点。进一步了解对上司的依存性也是必要的。有必要事先了解，自己是反对滥用权威的上司的反依存型呢？还是认为上司是守护自己的存在、极力压制自己的意见和情绪也要服从的过剩依存型呢？抑或是更倾向于哪个呢？

三、寻求构筑关系的理想状态

在了解上司和自身的基础上，探讨构筑关系的理想状态。如果工作风格和上司不一样的话，就有必要向上司的风格靠拢，用上司要求的方式提供情报。还有，在委托上司为自己做事的时候，要考虑到让上司的时间和资源得到有效利用。能够构筑相互传达各自期待的信赖关系是最为理想的。

另一方面，作为让上司动起来的有效方法，科恩和布拉德福德列举了以下5个：

• 确实完成任务：对上司交给自己的任务，不要让上司不放心，取得超过其希望的成果是重要的。

• 成为上司的商谈伙伴：作为商谈对象让上司产生依赖感，在商谈之际能提出新想法的线索就好。

• 成为可以信赖的情报源：就是成为报告之中不遗漏问题，可以依赖的现场情报源。

• 成为上司的支持者 / 支援者：要求在本部门之外也力挺上司，作为自己人支持上司和赋予上司勇气。

• 代替上司判断而自主行动：要求不是在出了问题后才行动，而是自主地将问题消灭在萌芽状态，还要显示出自己冒风险挑战新事物的姿态。

七、恰当地将权力和影响力用到极致

行文至此，我们已对权力和影响力进行了详细解说，但也许也有人对这些政治的微妙差别有嫌恶之感，认为即使不依赖权力，只要自己行得正就会有人跟从，并按照这个想法行动。

但是，包围商业的环境常在流变之中。已不仅仅是原来的上下关系，由于组织的扁平化和跨部门团队的组建，与自己权限所不及的人合作的机会正在增加。环境还要求，推进商业不仅仅局限于自己公司内部的管理，还要与公司外乃至海外的伙伴合作。

特别是在职能专业分化的今日，即使身处上面的主导职位，如果不依存具有专业能力的部下，工作就不能进展的情况多有。上司与部下的关系，已不是根据人事考核的权限部下单方面依存于上司的关系，而是变成了上司也依存于部下的能力的具有相互依存性的关系。

在这样的状况中，即使是非常有能力的商务人士，一个人能做成的事情也有限度。如果没有部下、同事、上司以及其他部门和组织的人配合，就无法达成目标。

因此，为实现自己想行之事并取得成果，恰当利用自己具有的权力并对他人发挥有效的影响力就变得重要起来。

将服从权力者愤世嫉俗地视为“向有权者献媚”于事无补。应该既不天真幼稚，也不愤世嫉俗，为了实现自己想要达成的目标，要把行使权力和影响力视为必要之物。

听到权力和影响力这些词汇，我想有不少读者会联想到马基雅维利的《君主论》。马基雅维利曾说过，对成功的领导来说 virtue（本意是德行）是必要的，virtue 是马基雅维利自创的词汇，是个包含活力、自信、创造力、精明、大胆、实用的技巧、作为个人的力量、决意和自我约束等诸多意思的复合概念。可以说这正是包含权力和影响力的概念，在相互依存性高、富于多样性的商务环境中，是为推进业务、实现自己的应有之姿所要求的力。

八、总结

不管是权力也好，还是影响力也好，与其说是通过科特和费法等人的提倡而在企业社会定型，不如说是把本来就在组织中存在的东西，作为概念进行了“发现”和“整理”。说起权力就称之为政治力和背后搞阴谋的人，谈到影响力就称之为骗人的东西，总之是把它们视为只有某个特定个人才能明白的诀窍指南。针对这种观点，他们的提倡也有将其把握为对运转人和组织的机制予以体系分析的框架的侧面。

然而，实际上运转组织的理论是什么呢？关于此点，现在还没有定论。

在本节中，我们展示了要运转组织和人之际应该考虑的步骤，但可以说这还是一个需要期待进一步研究和新的解释的领域。特别是关于影响力，在免于使自己受到道德败坏的营销的伤害和人们相信“如何同难缠的人打交道”这类处世方法的背景之下，概念尽管在广泛渗透，但它如何作为在商务中实现自己的应有之姿的方法而灵活运用，仍是需要进一步探讨的课题。

关键词

- 正式之力、个人之力、关系之力：杰弗里 · 费法。
- 影响力的武器：罗伯特 · 查尔蒂尼。
- 让人动起来的5个步骤。
- 管理老板：约翰 · 科特。

追随力

案例

1999年9月30日，位于日本茨城县东海村的株式会社JCO（住友金属矿山的子公司）的核燃料加工工厂发生了日本国内首次临界事故。所谓临界事故是指，放射性物质意外且连续地发生核裂变反应。结果造成如下事态：设施周围辐射出大量中子射线，操作人员死亡2人，诸多人被辐射，周边居民不得不避走他乡或躲在屋内。

事故发生于在制造作为核燃料使用的铀溶液的过程中进行的溶液浓度均质化作业。该工厂通常制造低浓度的铀燃料，但每年会有几次制造高浓度铀燃料，设备就还用平时生产低浓度铀的设备。事故是在制造高浓度铀燃料的过程中发生的。

在制造原子炉用核燃料的过程中，为了防止临界事故，有质量限制和形状限制这两大限制，在该工厂也有提交给监督部门且得到承认的规章制度。然而，该工厂以按原来的规章操作困难为由，在事故发生前几年就制定了《内部操作手册》，违规处理质量达到限额7倍的铀燃料成为常态。即便如此，因为遵守形状限制，所以一直没有发生事故。事故发生时，使用《内部操作手册》也是不允许的、超过形状限制的更大的容器，因此出现临界状态，接着就发生了大事故。

根据烟村制造工学研究所的“失败知识数据库”，事故的原因如果用一句话说，就是“向本来使用目的不同的、没有设计临界安全形状的沉淀槽内注入含有临界质量以上的铀的硝酸双氧铀溶液”。

据报道，同时处理通常量7倍的违反质量限制的内部操作规章，是在正式会议上决定的，而且还进行了隐蔽，在向政府提交的议事录中删除了会议中相关部分的内容，这显示组织全体对此是默认的。更为严重的是，据说事发当日违反了形状限制的作业工程，变更的根据是作业线的提案，担当者因没有意识到如此危险的状态而同意实行。

对于这个事故，很多人的视角是：“既然是人，就谁也难免犯错误，如何用系统来防止呢？”但是还有一种视角是：“能不能推进一种管理，它用某种方式赋予团队成员以动机，能够让本来具有的能力恰当发挥？”可以说这种视角富于启示。

既然是核燃料加工设施，那安全意识强且具有专业知识的人，就不应局限于一小部分领导阶层，而应该分布在更广的范围。违反规章的、危险性高的作业工程常态化并得到默认，最后的结果是更加危险的工程变更也被通过。在此背景之中，有怎样的机制在起作用呢？

理论

在第1章中，特别是在交换理论中，我们阐述了领导与追随者的关系。但是，那毕竟是站在领导的立场，对构筑与追随者的关系和受到来自追随者的影响进行论述。

但是，似乎即使是现在站在领导立场上的人，在职业生涯的初始阶段就走上领导岗位也是极其有限的。组织中的大部分人并不是作为领导，而是作为“非领导的存在”度过职业生涯中的相当长的一段时间。也就是说，组织中存在着领导和追随者这一不同的作用和立场。

关于此点，研究追随力的领导力顾问艾拉·恰弗雷认为，组织由共同目标、领导和追随者3个要素组成，共同目标将领导和追随者结合起来，并与行动相连接。

如果自己在当追随者时对组织是“优秀追随者”，成为领导之际这能成为有益的经验吗？可以认为，学习追随力，从追随者的立场主动推进事情，就有助于学到将来站在发挥领导力立场之际被要求的东西。

因此，在本节之中，来探讨一下与领导力密不可分的追随力。

一、关于追随力的研究

与关于领导力的研究相比，关于追随力的研究为数甚少。在初期的研究中，有哈佛大学的亚伯拉罕·扎雷兹尼克的成果，他将追随者通过“两轴心”“四群体”予以类型化：“两轴心”分别是对待上司之轴（对上司是服从还是支配）和自己的行动轴（行动是主动还是被动）；“四群体”是感情真挚者、强迫神经症、受虐狂和漠不关心者。

这个分类的目的在于，为企业的领导提供诸如有何种追随者、应该分别怎样应对等实用情报。因该成果发表于1965年，在将追随者分类这一点上属于先驱性研究，它以当时企业组织的实态为背景，站在大量的体力劳动者如何应对少数管理者的视角上。在当代，因为文化、组织、技术等方面的变化，造成体力劳动者减少、脑力劳动者增加的局面，受虐狂和漠不关心者这样的分类难以套用。

（一）选出模范追随者的分类

在分析由脑力劳动者构成的现代企业组织的追随者这个意义上，卡耐基梅隆大学的罗伯特·凯利在1992年发表的研究令人兴趣盎然。

在这个研究中，并不简单地仅仅将追随者予以分类，而是从模范的追随者要满足什么条件这一视角出发，基于批判性思考（是否能不将领导想采取的行动视为无需批判的绝对真理全盘接受，以独自的视角思考）和积极地参与（是否能带头积极参加自己思考的事并主动做自己职责以外的工作）两轴心进行分类。随后评选出孤立型追随者、听话型追随者、实干型追随者、消极型追随者和模范型追随者5种类型（图表2-3）。

观察某个组织之际，各个类型的所占比例被认定如下：孤立型追随者占15%~25%、听话型追随者占20%~30%、实干型追随者占25%~35%、消极追随者占5%~10%。

通过在追随者时代以模范追随者为目标，最终站在领导立场之际就能发挥有效的影响力。

图表 2-3 追随者的分类

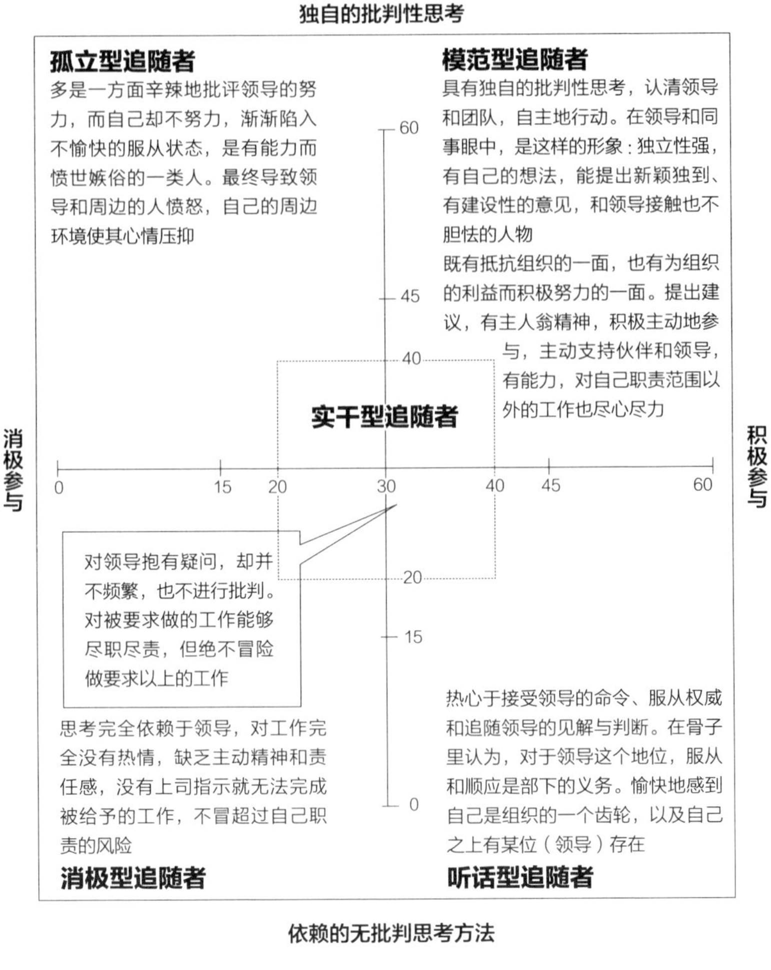

出处：顾彼思根据罗伯特·凯利《指导力革命》整理制作。

（二）注目于是追随还是反对领导的分类

优秀的追随者未必是“力挺领导的存在”，他对胜任工作且道德感强的理想的领导当然是视为自己人，但他对不胜任工作且道德感欠缺的领导却有反对的倾向。如此主张的哈佛大学的巴巴拉·卡拉曼以“献身度”为标准，将追随者分为孤立者、旁观者、参与者、活动家和铮铮铁汉5类。

与领导意见不合的话，追随者也会产生逆反之心，会无视领导并按照自己的价值观工作。也就是说，追随者对自己的献身度有决定权。在这个意义上，追随者对待领导的立场，就不是单纯的上下关系，而是有接近对等的一面。

二、领导力与追随力的关系

领导力的发挥和追随力的发挥有何不同呢？在发挥领导力的场合，领导面向应有之姿，可以从几个选项中进行选择。认识事业的环境，提出愿景，可以用自己的意志决定该做什么。

追随者又如何呢？对追随者而言的意志决定权，并非自己决定选择哪个选项，而是对领导的决定选择（积极地）服从还是不服从。在这个选择中，产生了追随者特有的两难选择。如果领导的决定和自己想做的、应该做的事情一致的话，两难选择的程度就会降低。然而，现实的问题是，领导的决定并不全是能够积极支持的东西。

在领导的决定似乎犯了某种错误的情况下，会有多少比例的追随者唱反调呢?

根据南加利福尼亚大学的沃伦 · 本尼斯的说法，70% 的追随者不会唱反调。在此背景之中，和把权力这个词解释成权威有关系。不管是谁在小时候，为了生存都要依赖父母，都经历过如果不服从父母就不知如何是好的不安。我们所属的组织，就建立在这样的不安之上，不知是不是有意为之，这种不安有日渐加强之势，结果就是大部分追随者违反自己的心愿，成了没有主见的人。

案例中所举的 JCO 的事例，违反规章的操作方法在没有得到矫正的情况下常态化了，其背景中不就包含着这样的结构吗?

三、优秀追随者必备的技巧和价值观

克服追随者特有的两难困境，要成为能在将来发挥领导力的优秀追随者有何必须要做的事呢? 据调查，模范的追随者独立心强，对职责以外的事也尽心尽力，支持伙伴和领导。

根据凯利的调查，模范的追随者具备以下3种技巧和价值观。(罗伯特 · 凯利《指导力革命》)

(一) 在工作中产生附加价值

优秀的追随者，对产生附加价值比什么都热心。为此之故，自己常常紧紧围绕着组织中希望达成的目标，带着明确的目的意识投入工作。进而找出达成目标的“关键”（＝关键路径）为何、谁来决定以及如何决定。

把握达成目标的全程，把重要的工作确实做到极致，进而在组织内带头打磨专业技能和专业知识、拓宽视野，勇敢面对新观念的挑战。优秀的追随者把上述的一系列工作做到极致。

例如，我们假定在工厂的现场来看一下。在很多情况下，为了提高生产，针对身边的操作程序和布局的提案都会受到奖励。可以说这些措施是为了培育这样的追随力。

（二）在组织之中培育人际关系

一般来说，在组织之中不管是有意还是无意，都会形成种种人际关系，大体而言可以假定分成以下3种类型。

第1种，团队内的人际关系。在参加团队之前首先要确认该团队的必要性、任务和关键路径为何、附加价值是什么。然后确认全体成员是否对这些目的和目标达成了共识，和成员常常对话。即使是艰巨的工作也要让全体人员振作起来把目光投向光明的未来，最后互相认可各自的功绩。

第2种，组织网络中的人际关系。为了跨越部门间的藩篱和建立组织内的横向联系，要选出应该加入网络的人物。理想的加入网络的人物可以举例如下：能够支持或阻止自己的拥有地位和实力的组织内的关键人物，或者反过来自己能够直接或间接支持或阻止的人物，工作离手后能在下一个环节帮助或阻止自己的人物，熟知重要议题的人物，深孚众望的人物，向自己求取情报的人物，等等。

通过向列入网络名单的人进行自我介绍逐渐熟悉起来，在想和对方建立更进一步关系的场合，努力通过提供专业知识等方式体现自己对对方的价值。

第3种，与领导的人际关系。有能力的追随者直接向领导本人确认领导的需求、目标和制约因素，并致力于通过观察领导对何事倾注心血而理解领导。对领导以合作的态度面对工作，控制一己之私，将不要和领导及其他有能力的追随者发生冲突一事警戒于心。

另一方面，模范的追随者还同时具有和领导唱反调的特性，就重要的问题难以赞成的场合，堂堂正正地提出自己的意见而不替领导辩解、更不虚伪掩饰。

但是，即使在与领导意见不同之时，也要尽量做到不在公共场合表明反对意见，更要避免自己像鱼肉一样被置于议论的刀俎之上，而是以私下谈话的形式表达自己的意见。要寻觅领导可能接受意见的时间节点，将其作为有探讨余地的共同问题徐徐道来。当此之际，叙述自己的意见要简单明了，并准备正确的事实和数据。指出问题之际，也要提前准备可行的替代方案。用上司的视角考虑选项，一旦对手决定是否许可，最好提出整理过的完整方案。

（三）顺畅处理人际关系，随身掌握“充满勇气的良心”

领导可能不时发出超出追随者理解的指示。有时追随者尽管确信这是错误指示却被命令执行，还有的时候追随者认为是对组织有利的事却被命令停止。

在被上司、老师和医生等有权威地位的人物命令的情况下，明明知道其指示是错误的，是否实行上司的命令？凯利以多达250名的专业人员和处于管理职位者为对象进行了调查。调查结果显示，有30%的被试[①]的回答为“总是”服从或“屡屡”服从。

另一方面，即使是来自比自己级别高的人的指示，认为其错误而毅然不服从，也可能发生被对方认可的好结果。当此之际，模范的追随者为了向领导的错误决定说不，拥有“充满勇气的良心”就成为必要。这是判断事物善恶的能力，也是为了自己坚信的真理而谋求积极手段的不屈的精神。凯利认为，要发挥“充满勇气的良心”，有如下10个步骤。

心系面向未来的思考：不将领导视为道德上的敌人。如果领导采取了在伦理上不被允许的行动，就将其理解为领导因为处于远离第一线的位置，易于忽视伦理上麻烦的萌芽，假定领导也盼望伦理的行动和结果。

收集事实：收集事实并予以整理，确认领导是否也掌握了同样的事实。如果能就事实达成一致意见，就会将伦理上的争论扼杀在萌芽状态。

决定态度之前，征求他人的中肯意见：对你此后要采取的行动，要

① 统计学术语，意为被调查者。——译者注

倾听来自可以信赖的成员等周边人的意见。

养成忍耐心：如果起而反对领导，就离开了保守的人流，一人踏上了“孤独之路”。要通过实践掌握为走这条路而需要的忍耐。假定也许会处于严峻的状态中，充满勇气的实践和练习是重要的。作为最初的步骤，对领导和自己的团体，先试一下在琐碎的、不足取的问题上唱一下反调为好。

在组织的框架内活动：在组织中发表不一致意见之际，大抵有自己的规范和习惯。发起行动前，要确认这些规范和习惯。

树立自己受人瞩目的地位：在组织向目标方向前进之时，显示自己会处于起何种作用的地位，以及没有自己的建议组织会如何向错误的方向前进。

让人承认自己意见的正确性：随时显示能够证明自己意见正当性的事实，让领导承认从客观的立场看自己的见解比领导本人的见解更加符合道理。

以集体的形式发起行动：将意见相同的人团结起来一起发声，这样能够引起领导和组织的注意。

如果领导反击，就仰仗更有权威的人物和机关的帮助：在明了自己有诚意的行动无法奏效的情况下，依然还有办法，那就是仰仗比自己的顶头上司更有权威的人物或机关的帮助。然而，因为这样会打乱组织的上下关系，要有冒相当大风险的心理准备。

在物质和精神方面做好充分准备，扩展行动范围：告发自己所在公司的人，结果往往是在精神上和经济上陷于窘境。凯利赞同他们应永远鼓起勇气行动，但建议他们在找到新工作后再进行告发。

专栏：东日本大地震中的东京电力福岛第一原发

在2011年3月11日发生的东日本大地震中，东京电力福岛第一原子能发电所面临着危机的情况。伴随着地震的大海啸切断了所有的电源，为冷却原子炉的注水无法进行，放射线量猛增，也发生了氢气爆炸。千钧一发之际，吉田昌郎所长为首的福岛第一原发的操作员竭尽全力，防止了因核反应堆压力容器爆炸而出现放射能飞散这一最坏情况的出现。他们是如何做到这一点的呢？

吉田在丧失所有电源的第一时间，就调配了消防车。这是出于用来自消防车的注水来冷却核反应堆的考虑。因为是紧急调配，所以得到了来自自卫队的消防车的支援，将多辆消防车连起来，就可以注水了。这与事故能勉强得到控制相连。

在大海啸袭来的1小时15分钟后，在丧失全部电源的现场，就开始了为了确保冷却核反应堆所用水流的管线铺设工作。6小时后，线量增加，因为禁止进入核反应堆所在建筑，依据现场判断而提早做出的铺设管线决定，对其后的冷却具有重要意义。

3月12日，开始在现场注入海水冷却核反应堆。就在这时，东京电力总部下达了停止注入海水的命令，这是接受首相官邸意向的产物。吉田担心中止冷却会导致核反应堆无法控制，所以在总部命令下达前，他先行一步，对现场的操作负责人千叮咛万嘱咐："总部也许会下达停止注入海水的命令。当此之际，我会（在电话会议上）让总部听到我下达了停止命令。然而，没有必要听从这一命令。你们就像现在一样继续注入海水！好，就这样。"结果，没有停止注入海水，核反应堆的冷却持续进行。

在福岛第一原发的一系列波折之中，我们可以看到追随力的要点。吉田认为，在只能冷却核反应堆的状况下，停止注入海水这一总部的命令是错误的，他的思考正是批判性思考。还有，根据现场判断，自发地铺设确保水流的管线、调配消防车等，正符合理想的追随者的条件。

凯利说，在重大局面和非常事态之际，最可靠的是拥有绝对命令系统的强有力的领导。他说的完全正确。在诸多组织之中，平时领导扮演领导角色，技术专家担当追随者角色。但是，在福岛第一原发丧失所有电源的紧急状态下，他们各自的角色互换了。在这一场面中，能够统领全局、制定计划并根据情况马上做出恰当指示的，不是首相官邸和东京电力总部这些正式的组织上的上级，而是每日在现场受到历练的人们。凯利还这样说过："远离前线活动的最高干部，在发出完全不现实的命令的情况下，就会将系统置于极度紧张之下。"诚哉斯言。福岛第一原发正是差一点就不能回避危机。

四、总结

只要不是以学生风险投资公司的形式发家的人，今日处在公司组织中领导地位的人，都曾经是追随者。因此，作为成为优秀领导者的条件之一，是否曾是优秀的追随者受到关注，是很自然的趋势。

在组织架构图上，位于金字塔上端的领导，常常指挥和监督位于下端的追随者。但纵观环绕企业的环境，我们就会明白，上面的垂直领导模式不能保证企业的顺利发展。造成这种状况的原因是，我们处在一个依靠层级较少的扁平化组织结构，发挥迅速行动的组织优势的时代。在这样的组织的运营中，要求有根据情况替换领导的弹性，比如，让现场的所长领导总公司。

因此，不仅仅培养优秀的领导，培养优秀的追随者也成为今日组织的课题。这也反映了领导力开发的潮流，此点也会在第3章谈到。

关键词

• 孤立型追随者、听话型追随者、实干型追随者、消极型追随者和模范型追随者5个类型：罗伯特·凯利。

• 孤立者、旁观者、参与者、活动家和铮铮铁汉5个类型：巴巴拉·卡拉曼。

网络

案例

1971年，32岁就任日内瓦大学商学院教授职位的克劳斯·施瓦布，将欧洲的400余名企业家请到瑞士，开办了欧洲管理论坛。最初是讨论经济、经营问题，但开了几次以后也开始讨论政治问题和社会问题，与政治有关的人也开始参加进来。

其后，欧洲管理论坛更名为世界经济论坛，发展为大的非营利财团。施瓦布任会长，他和他的妻子都是理事，每年的预算超过1亿美金。因年度大会在瑞士小镇达沃斯召开，所以论坛是以“达沃斯论坛”的名字为世人所知的。每年2500人左右的参加者仅限于事务局邀请的客人，其中半数是代表世界的企业 CEO 和会长，此外则是诸多国家的元首和部长，还包括 NGO（非政府组织）、媒体学术机关和宗教团体的领导。

世界经济论坛是非营利法人，运营费用由会员企业的年费和参会者的参会费解决。除了在达沃斯举办的年度大会以外，每年还在世界各地举办各种迷你版的达沃斯会议，其中以每年夏季在中国举办的会议（通称“夏季达沃斯”）最为有名。另外，选出40岁以下的“全球青年领袖”

同仁集会，作为智库发表各类主题的调查报告。

世界经济论坛就是这样，它既不是联合国的一个下属机构，也不是峰会和G20（二十国集团）那样的各国政府间的首脑会议。它对种种议题进行议论，也以宣言和倡议的形式发表讨论的结果，但毕竟不过是基于参加者自发意识的产物，没有任何强制力。但是，正是因为其政治上的中立性，对国家间和企业间的利害冲突那样的微妙和敏感的问题，也能自由地发表意见，提供畅所欲言的平台正是它的价值所在。达沃斯会议的全体会议，通过YouTube等视频网站向全世界现场直播，而各国的大众媒体云集现场，连日报道。

不用说，这是个类似贤达会议性质的论坛。但此外，它作为政界、商界和学界等各界领袖们加深交流、构筑有助于自身活动网络的场所，具有极大的利用价值。参加条件尽管采取了邀请制，却没有降低它作为这种场所的价值，这就是它得以维持的巨大理由。

自1971年施瓦布开启经济论坛那一刻起，其规模不断扩大，现在已成为想参加此类论坛的人的最优先选择，达到了世界上独一无二的规模。年纪轻轻就当上大学教授的一介书生招呼全世界的重要人士，构筑了强大的网络。

理论

不管东方西方，还是远古今日，都认为对领导来说，人脉是非常重要的。因互联网和SNS等社交媒体的发展，从情报的收集方法到影响力的传播方式，其样态都愈加复杂化。这就要求我们寻求新的构筑和维持人际网络的方法。

一、领导力与网络

和网络这个词汇意思相近的词汇是“人脉”。确实，人脉丰富的商务人士，可以利用从人脉得来的人际关系、预算和情报等，对和课题有关系的人和状况施加影响。还有，凭借和人脉相连的成员的“强大力量”可以推进变革，将多人的主意结合起来也可能会产生革新。能够加强自己的权力基础，获得更有利的地位。

这样思考的话，可以认为，在领导力的发挥和构筑网络之间，似乎存在着某种相关度。根据哈佛大学的约翰·科特的研究，优秀的总经理会比平凡的总经理花更多的时间来构筑网络。优秀的总经理在其就任的一个月内、长的在半年以内的时间里构筑人的网络。这个网络不仅仅包括自己直属的部下，还包括同事、其他部门的人、上司的上司和部下的部下。与此同时，和正式的组织结构不同的网络形成了，其人数据说可以达到数百人，根据情况甚至可以达到数千人。

构筑网络就是这样，它在发挥领导力方面是不能忽视的因素。

二、引爆点

有一个概念有助于我们理解网络的影响力，它就是引爆点。这是指某种观念、时尚或社会的行动超过阈值突然开始普及，像野火那样蔓延的戏剧性的瞬间。经美国流行作家马尔科姆·格拉德威尔的介绍，该概念始广为人知。

20世纪90年代的上半期，纽约的杀人案件数刷新了该市的历史最高水平，陷入了严重的无秩序状态。然而，1994年2月，威廉·布拉通被任命为纽约市警察局局长后，他在预算没有增加的情况下，把纽约改造成了一个安全的大都市。

在这个戏剧性的变化中，布拉通采取的种种措施不用说是起了效果的，但他的组织运行方法也很有特色。布拉通主动接近纽约市警察局中深孚众望的人物，他们对周边的人心充满了鼓动之力，他们就是76位警察分局局长。因为他们直接监督着200到400人的部下，76个人的冲天干劲，在不知不觉中就将数目多达30000人的警官的心鼓动起来。

W. 钱·金和勒妮·莫博涅在他们合著的《蓝海战略》一书中举了这个布拉通变革的事例作为“引爆点领导力”的案例。根据此书，所谓引爆点领导力，可以认为是“在某个组织中，信念和内心能量强大的人的数量一旦超过一定的临界点，新的想法就会瞬间在组织全体中急速蔓延，在极短的期间内就会发生根本的变化”的思考方法。

格拉德威尔认为，为了到达引爆点、掀起社会运动，必要的因素可以举出少数者法则、黏度要素和背景之力这3个。

（一）少数者法则

在最初的时候，情报是极为有限的例外之人努力推广的。这些少数人是内行（精通此道的人，俗语中被称为“通”的人）、联络人（媒介人）和销售者，他们是起点，向诸多人等推广情报。

（二）黏度要素

为了推广观念或情报，使用能留在人们记忆中的、对思考施加影响的语句。在挖掘黏度要素的研究中，奇普·豪斯和丹·豪斯兄弟俩的成果值得一提。他们取材于约翰·肯尼迪的演说和都市传说，把留在记忆中（=黏度）的语句的特征总结为“简单明快”（Simple）、“令人意外”（Unexpected）、“形象具体”（Concrete）、“值得信赖”（Credentialed）、“诉诸感情”（Emotional）和“故事性强”（Story）6点。取其首字母，这些特征就被称为“SUCCESs”。

（三）背景之力

设定人们自然想采取某种行动的、给予其无言压力的状况，或者利用这样的环境和状况。

三、网络的规模

我们通常拥有多少人的网络呢？根据社会学学者的推定，据说一个人大抵能举出200到5000人的名字（没见过也没关系）。然而，说知道名字的人全都是友人，那是绝对不可能的。根据牛津大学的罗宾·邓巴的说法，集团的规模和大脑皮层的面积有强烈的相关度。一个人能建立社会关系的人数，比猴子和类人猿多，据说可以达到150人，这个数字被称为“邓巴数”。

在商业中，从20世纪50年代开始，也有一种说法，组织的规模在150人左右的话，能够在识别每个人脸的层面上正常工作，一旦超过这个数字，如果不引进序列结构，效率就下降了。据说贩卖、制造磁芯板材的磁芯联合社，一旦工厂的规模超过150人，就予以分割。

在军队的编制中邓巴数也有体现。近代军队最小的独立单位是连，其人数在130~150之间。古代的罗马军团，其基本部队重装步兵连，编制人数在130人左右。

四、网络间的联系

个人通过各自具有的200到5000人的网络，如何传播情报呢？如果和亲戚和好友等比较近的人联系的话，情报和网络就不能戏剧性地扩大。为了扩展到在社会上掀起运动的程度，就要求将情报推广到和自己不直接重合的网络中去。

关于情报的传播，斯坦福大学的马克·格兰诺维特的研究为人们所知。人们倾向于认为，人生中重要的决断容易受到亲戚和好友等联系紧密的人的影响，实际上受到朋友的朋友等联系较少的人的影响的情况也很多。联系紧密又相距不远，因为行动范围多有重合，只会共享同样的情报。然而，在较弱的联系中，和到那时为止不认识的人及未知的情报发生联系的可能性较大。因此，据说在有关寻找新职位、获得情报和产生时尚等方面，和较强的友人关系相比，较弱的社会关系（被称为“弱纽带”）更加重要。

那么，弱联系能扩展到何等地步呢？完全陌生的两个人之间有几个人的间隔呢？哈佛大学的斯坦利·米尔格兰姆在1967年研究了这个问题。米尔格兰姆委托了很多人，要把一封信从内布拉斯加州的奥马哈带给一位住在波士顿的谁也不认识的股票经纪人，方式是被试委托自己认为最有可能认识该人的朋友办理，调查的目的是看经由几个人信能够到达经纪人手里。结果是平均6个人。这被称为“六度分隔”理论。

五、社会网络的广度

我们所拥有的网络有从200到5000人的跨度，但拥有多达5000友人的人和没有如此多友人的人的分布，并不是正态分布，而是呈“幂律分布”。幂律分布的一个例子，就是有名的前20% 占全体的80% 的帕累托法则。与此同理，拥有多少人的网络分布情况是，拥有5000人的巨大网络是极少数人，拥有200多人的小网络是大多数人。并不是拥有中值人数2000的人最多。

作为产生这种两极分化倾向的理由，物理学家阿尔伯特·拉兹罗·巴拉巴西说是因为网络中有“成长”和“优先选择”两大特征。

所谓成长是指网络从人数不多的联系开始起步，在增加新的熟人的同时，慢慢成长为现在的规模的过程。因此，为了扩大网络，一般认为从较早阶段开始构筑网络为好。因为这样做的话，就有较长的时间可以用于扩展网络。如果踏踏实实地像这样构筑网络的话，就在网络上形成了中枢，从此出发可以进一步扩展网络。

第2个特征是优先选择。最初想参加网络的人，首先有谋求接触已经拥有众多网络者的倾向。这样一来，某个本来就大的网络，作为新参加者希望参加的网络，会被优先选择，它就比其他年轻的网络或小网络拥有更多的成长机会。也就是说，会造成“有钱人会更有钱”的状态。案例中介绍的克劳斯·施瓦布的世界经济论坛，就是这个特征的典型。

六、网络的建立方法

有人说，因为在建立网络时先行者有优势，那么后继者就没有扩大网络的可能性，事实绝不是如此。作为颠覆这种说法的例证，有“适应度”这一概念。

在世上，有人擅于将偶然的会面变成持续一生的社会联系，也有企业将普通的消费者变成了忠实的合作伙伴。只要有交友能力及被人喜欢、被人记住的能力，即使成不了先行者，也有逆袭的可能。特别是处在竞争的环境下，适应度高的人被认为更易于拓展网络。

那么，为了提高适应度，需要我们每日具体采取何种行动为好呢？德国的心理学家汉斯·格奥里克·沃尔夫和克劳斯·莫塞尔，在德国以200人以上为对象进行行动观察，总结出以下6种构筑网络所要求的行动。

• 在公司内结识人。（例：利用公司内活动）

• 维持公司内的人脉。（例：时不时和调到其他部门的同事打招呼，一起就餐）

• 灵活运用公司内的人脉。（例：向其他部门的同事诉说工作上的烦恼并征求建议）

• 在公司外结识人。（例：承接公司外团体的工作、参加有兴趣的演讲会和研讨班）

• 维持公司外的人脉。（例：部下和同事见公司外的熟人之际，拜托他们向其代好）

• 灵活运用公司外的人脉。（例：和公司外的熟人互换对双方有益的情报）

在构筑网络之际，决定将谁拉入网络也是重要的。将希望结交的人、应该结交的人和希望与之建立联系的组织列个名单或制成表格就好。为了寻求关键人物，让上司推荐或者借用客户和供应商之力选定就行。

另一方面，在构筑网络上需要注意的是，为了取得成功，不要与人对抗而要与人合作。给对手的东西要多于自己得到的东西是重要的。

七、互联网时代的网络构筑

前已述及的邓巴数和根据米尔格兰姆的实验得出的六度分隔等理论，都是互联网出现以前的研究成果。因为互联网和电子邮件，还有脸书和推特等社交媒体的发展，上述理论发生了怎样的变化？

在互联网上，利用雅虎或谷歌的话，用不了六度分割，只需点击2~3次鼠标就能到达想去的界面（情报）。也就是说，情报自身变成了“三度分隔”。那么，人与人的间隔变成了几度分隔呢？

2002年，丹康·沃尔茨、彼得·道兹和罗比·穆罕默德用电子邮件将米尔格兰姆的实验在世界规模上再现。以美国为中心募集了9万8千人的被试，委托他们用电子邮件向目标人物发送消息。结果和米尔格兰姆的实验结果一样，平均经过6个人，电子邮件到达目标人物手中。即使是使用电子邮件的实验，结果也是“六度分隔”。

关于友人的数量，在脸书等社交媒体的友人数量，调查结果也靠近150人这一邓巴数。

就这样，人在线上的虚拟网络和真实的网络相比，不管是人与人的间隔还是友人的数量被认定为没有大的差别。但是，在情报传播的速度和热起来的方式上，可以发现特征的变化。

例如，第44任美国总统贝拉克·奥巴马在决定参加总统竞选并成为候选人之时，人们普遍认为他几乎没有胜算。与其他的候选人不同，奥巴马只当过一届参议院议员，在国家层次上的政治和行政经验也严重不足。民主党表明要派希拉里·克林顿参议员这一强敌出马参加竞选，她在知名度、竞选资金和支持基础等方面和奥巴马相比都处于压倒性优势地位。

做填平这个差距工作的，据说是以脸书团体“支持贝拉克·奥巴马的学生们”为首的来自网络的力量。这个团体是从一个深受奥巴马演说感动的学生促使奥巴马参加总统竞选开始的，后来得到了奥巴马阵营的正式承认。奥巴马的演说被投稿于视频网站 YouTube，该视频马上被各种各样的 SNS 转载，也被电子邮件扩散。结果，回答听过奥巴马演说的美国人高达85%。

随后使用正式的 SNS——My.BarackObama.com，从登录者那里募集小额资金，最终寄过来的巨额捐赠超过了共和党阵营。

不用说，是因为奥巴马自身具有相应的魅力，支持的力度才能扩展到如此的程度，但也可以说是互联网上自发的网络发挥了使支持运动在短时间且低成本扩散的好例子。

八、总结

依靠互联网，在被认可为领导的过程中和领导对周边施加权力的源泉里，产生了新的潮流。

在过去，某个人在成为集团内的领导之时，他一定要在某个领域留下实际的业绩，这个业绩要被集团的成员认可，进而还要被集团内其他领域的人认可，他才能成为领导。很多人都走过这一过程。但是利用网络，先构筑“与很多人建立联系并能指使他们”的状态，就可能大幅度缩短过去为成为领导而必须走的步骤。

关于构筑网络的方法，正渗透着引爆点等能给我们以启示的案例研究。灵活运用网络，获得领导力的手段，此后会受到瞩目吧。

关键词

• 引爆点（少数者法则、黏度要素、背景之力）：马尔科姆 · 格拉德威尔。

• 邓巴数：罗宾 · 邓巴。

• 六度分隔：斯坦利 · 米尔格兰姆。

非常事态下的领导力

案例

2011年9月11日，美国发生了震动全世界的大事件。同时发生了多起恐怖袭击事件。其中，对纽约世贸大楼的自杀性恐怖袭击，给世界以强烈的冲击。恐怖分子使用劫持来的2架民航飞机，撞入摩天大楼的顶层，曾是纽约象征的双子座塔楼倒塌到踪迹全无，很多人遇难。

纽约市的消防队员和警察的最初的行动，是对因第1架飞机的激烈冲撞而熊熊燃烧的大楼进行灭火和救助，他们正竭尽全力、干得起劲的时候，第2架飞机也撞入大楼，事态急剧恶化。他们在非常严酷的状况下，强行继续救援行动。留在火势蔓延的高层大楼的各个楼层的很多人，因他们英雄般的救援行动而得以在大楼倒塌前脱离险境，但因在救援活动中发生的第2架飞机的撞击，被卷入倒塌大楼之中的多名队员殉职。

在一片混乱之中，不仅世贸大楼的现场需要救援，整理市内交通、为防备再次袭击威胁的警备活动都必须进行。

当时的纽约市长鲁道尔夫·朱力阿尼持续担任现场指挥，他在谈自己的领导力的自传体书籍中这样回忆了当时的情景：

“下面要叙述的方针，在世贸大楼被袭击后的几个小时以内，被全部逐一实行。要用优秀的人才巩固周边。要有信念，把这个传达下去。要用自己的眼睛看。自身要率先垂范。不许虐待弱者。要从重要的事情开始。忠诚心是最大的美德。准备不得懈怠。低要求要按高标准实行。任何事不能犹豫不决（后略）。”

“所谓领导，即使被置于窘境，也必须控制自己的感情。我作为市长，是在危机的状况中进行慰问部署的人，却说出‘陷于恐惧’这种话来，我宣布再也不会第2次使用这个词。（中略）不管被置于何种状况下，也不能失去判断力。当领导就要求有这样的平衡感。”

也就是说，对迄今为止当领导的经验所养成的东西进行总动员，在不断变化的局面中，即使在精神上被置于勉为其难的窘境，也能冷静地持续进行决断，这就是非常事态下的领导。

理论

在平时，也会有种种情况需要领导力，但有的时候会出现切实必要的情况，这就是陷入危机等非常事态之时。

在非常事态之时，因为没有经历过的事情多发，会有不知应对方法、情报不足（且错综复杂）导致无法把握事态、事态本身急剧变化因而预测困难等状况。

也就是说，所谓非常事态之时，是一种决定优先顺序、判断事物极为困难的状况。如此思考的话，我们就会明白，发生大地震、飓风等天灾和重大的事件、事故的情况自不待言，政治的变动、企业的经营危机、突然披露的丑闻及有违社会公正事件被发现等我们身边的事，都能造成可称为非常事态的状况。

那么，这个所谓非常事态之时所要求的领导力，到底是怎样的东西呢？它与平时要求的领导力有何区别呢？

一、挺过非常事态的领导语录

以往，作为在前所未有的事态中的领导持续挺立的人们，是怎样把握其经验的呢？通过查阅文献等资料，我们会惊奇地发现，他们的思考惊人地相似。首先让我们试着从近年来领导们的话语中，来把握非常事态之时所要求的领导力的大框。

美国海岸警备队的司令官塔德·阿伦，连续应对恐袭事件、墨西哥湾原油溢出事件和飓风卡特里娜灾害等，他在接受《哈佛商业评论》杂志采访时回答说“对优秀的领导力必要的是弹性、机敏和好奇心”。

我们将他的思考整理如下。

首先，因为在无法预测的非常事态之时要求应对富有弹性，所以集中全力面向一个目标和谋求努力集结于一点非常重要。为达此目的，创造出能够得到有关系的全体人员认可的“共同具有的价值观”并予以传播也是重要的。要求于在现场负责应对的队员们的是，像船转舵时的北极星那样的“简单明了的核心价值观”。这会成为他们的判断机轴，可以在现场毫无不安地工作。

因此，领导必须对自己的道德负责。不能被感情所驱使。越是冷静，就越是会取得更多成果。

他进一步说道："即使在非常事态中千钧一发的关键时刻，也能培育、指导部下。"正因为是在大家都认真观察领导姿态的状况中，通过让他们看见起而面对危机的自己的行动，也就是自己的背影，也就变成了对他们在非常事态之时应该采取何种行动的指导。阿伦就是这样通过工作培育了人才，即使发生需要更多力量的更为严重的非常事态，只要他登高一呼，为数众多的人才就会齐集他的麾下。

也就是说，对非常事态下的领导而言，需要做的是早日创造出能成为判断机轴的价值观、保持冷静，并通过自己的行动教给成员起而面对危机的领导应该做什么。

诺尔曼·奥古斯丁曾在美国国防部工作，做过陆军部副部长、洛克希德马丁公司CEO以及美国红十字会理事长，从自己克服过无数次非常事态的经验出发，用通俗易懂的语言将应对不测事态的心得总结为以下6点。

预防看不见的危机：平时就不要漏看风险，诉诸应有的防御手段。

防备迫近的危机：提前制定危机应对预案，事前反复演练。

认识危机的存在：放弃侥幸心理，直面现实。也参考专家的判断。

阻止危机扩大：领导亲赴现场，迅速决断并传达。

回避危机：想方设法机敏应对。

利用危机：通过非常事态下的漂亮应对，获得好评和信赖。

于是，克服种种危机的危机管理，其可见的真谛可以用一句话来概括："为马上告知真相而尽力。"

1982年强生公司遭遇"泰诺"事件的反应，可谓阻止危机扩大、利用危机的典范。"泰诺"是该公司生产的一种非处方药，因而在零售过程中不知被何人掺入毒物，服用该药的购买者陆续死亡。事发后的第一时间，该公司在回收产品的同时，通过大众媒体积极公开信息，毅然实行设置专用免费热线、通过报纸的整版广告告知和放映电视公告等对策。为了防止类似事件再次发生，将"泰诺"的包装改为三重密闭结构。这样做的结果是，在事件发生2个月后，"泰诺"的销量达到了事发前的80%。

这个故事之所以作为非常事态下的领导力的例子而被常常提起，不仅仅是因为对策带来了好的结果，而且是因为手段高明：在事件发现后极短的时间内，不顾公司内一定有的反对之声和维持现状的动向，毅然决定了需要花费大量预算外费用（这在短期内对公司来说会成为巨大的损失）的各种措施并付诸实行。

当时，作为公司的总经理担任一线指挥的詹姆斯·巴库说，他采用的不是单纯的危机管理体制，而是首先考虑“对消费者的责任”的体制。这是返回到该公司的企业理念“我们的信条”中的“第1个责任”的决策（该公司所定的应该履行的责任的优先顺序为客户第1位、员工第2位、地域社会第3位和股东第4位），员工们能在没有操作手册等的情况下团结一致地迅速展开应对，是因为平时对员工的理念渗透非常到位。

也来看个日本例子吧。以福岛县为基地的东邦银行是个地方性银行，在东日本大地震后的第一时间做出决断，针对因海啸家私被冲走或根据政府因地震而颁布的避难指示需要离开家的人们，即使没有印鉴和银行卡等确认本人存款的证据，银行也会支付其在该银行的存款。当然，该银行的很多门店也受到灾害影响，尽管环境不能令人满意，但紧急返还存款的工作却在没有大碍的情况下迅速进行。

据说那个时候，该银行的北村清士行长在行内电视会议上对各支行行长宣布“宁可出事也要优先为受灾者服务”，这句话对行内的态势有很大影响。“一切为了地域”这一公司口号渗透于行内，加之北村平时就以“三击不中出局也没关系，先把击球员区给我立起来”来鼓励面向未来的行动，这些都为实行如此富有弹性的应对成为可能打下了基础。

正因为是非常时期，领导更应亲临现场，直视现实而迅速决断，传达大政方针，持续机敏应对。上述措施的重要性，就是这样从面对非常事态的领导们的思考和行动中传达出来的。另一方面，还让我们明白，平时就应该有意识地提前进行预防与准备、培养部下、构筑信赖关系和渗透良好理念等工作。

不论是朱力阿尼还是阿伦，都有视为珍宝的习惯，那就是，亲近书籍、学习新知、客观待己和从过去的领导们的话中获得勇气和教诲。也许如果不历练自己，以勉勉强强的状态是无法在领导岗位上站稳的。

二、非常事态下的交流

从领导们的经验之谈中，我们得以看到非常事态下所要求的领导力的整体形象。下面我们聚焦于几个重要之点，试着进行进一步的考察。

在非常事态之时，组织内的交流特别重要。不用说，对公司外的应对也必须迅速进行，但此前有必要首先恢复员工的热情和士气。据说多数人在面对没有经历过的非常事态之时，因为自己不知道怎样做才好，就希望有人给予指导。因此，组织的领导就有必要急赴现场，向员工们显示自己的存在，并对情况和应对方针予以说明。达特茅斯大学的保罗·阿尔金蒂调查了在2001年美国同时发生的多起恐袭事件中的各类企业，认为在组织面临非常严重事态之时，最优先要做的就是公司内的交流。

接下来，给员工们准备表达心情的机会就成为必要。实际上，对被置于非常事态下的员工们来说，专心工作已成为精神上的支柱，对于恢复踏实的感觉也能助一臂之力。还有，任何人都有“能做点什么呢”的想法。因此要对员工说，即使在非常严重的情况下，为了需要本公司的服务的客户，要做出自己的贡献。提供这个让员工发挥使命感的机会，也能造成加强员工和客户之间的纽带的结果。

于是说到底，为了让员工能够在非常事态下迅速进行随机应变的判断并采取适当的行动，除了事前的训练，平时的公司内交流也很重要。也就是说，让员工们把企业的使命和价值观内植于心。只要处在不可动摇的企业文化的背景之中，即使是在非常事态下，应该被专心对待的事就不会被等闲视之。

例如，在星巴克的使命陈述中有这样一句话：“积极贡献于地域社会和环境保护。”在美国同时发生多起恐袭事件后的第一时间，星巴克对在北美的各分店发出停止营业指示。但是，受灾地附近没有受到袭击的地域的各店店长，根据自己的判断继续营业，为救助人员和医护人员提供饮食场所，门店还起了负伤者紧急处置场的作用。通过这样的经验，组织进一步加强了与地域社会的联系，深得公司外人士的信赖。

三、领导对团队效力感的培养

我们已经叙述了在非常事态下领导迅速指示方向的重要性。那么接下来，为了让现场的员工们能迅速、自发地应对目前困难的状况，必须采取何种措施呢?

法政大学教授高田朝子等人，仔细研究了因接收遭遇地铁沙林事件的乘客而变得像野战医院一样的圣路加医院、阪神淡路大地震时的住友电气工业和联合航空事故等案例，根据他们的研究，在这些事件的处理中，团队效力感在起作用。（高田朝子《应对危机的效力感管理——抓住“团队效力感”这一关键》）

所谓效力感，被认为是关于对为达成某一结果自己能够善始善终这一预期的一种人的正向感觉。也就是说，如果具有效力感，即使在艰难的状况中，也容易产生行动的动机，达成结果的可能性也高。

具有效力感的人比不具有的人目标达成率高，这一点已经被种种研究所证实。也就是说，我们可以认为，不仅仅是个人，作为团队和集团，具有了这种效力感的话，即使是在非常事态那样的困难的状况中，作为组织也能面向目的或目标，果敢地采取行动。

效力感，由两种心理过程构成。一种是给人造成“采取 A 行动，就会得到 B 结果”印象的“结果预期”。另一种是能给人造成“我有能力采取 A 行动”印象的“效力预期”。同时具备这两种心理过程，人就能够产生自我效力感。（阿尔伯特 · 本都拉《动荡社会中的自我效力》）

为使上面谈到的结果预期和效力预期成为可能，要满足以下4个要素：

• 驾驭体验：指完成某事的达成体验或成功体验。通过累积这个体验，就可以形成效力感。

• 代入体验：通过观察他人的行动而获得的驾驭体验。理解到“这样做就行了”，通过模仿就可以养成效力感。

• 他人劝说：对自己的能力和任务的完成，从他人那里得到诸如“要是你的话，就能行”之类的正面评价，收到正能量的反馈，就会产生效力感。

• 生理状态：影响精神状态的因素中有生理状态。身体好，生命力旺盛的话，容易得到积极的效力感。

由上可见，为了能在非常事态下踏实行动、迅速应对，领导从平时就要开始让团队和成员累积驾驭体验是重要的。此外，让某个成员把自己的驾驭体验事例和其他成员分享，让成员们获得代入体验也是必要的。在非常事态下，要求领导用正面的语言鼓励成员，并对他们的行动无一例外地给予反馈。最后领导还被要求，关心包括自己在内的处在压力巨大状况下的全体成员的身心状态，促进积极消除压力和休养的行动。

为了分享某位成员的驾驭体验、产生代入体验、传达来自领导的言语规劝，拥有某种情报基础设施和工具是非常有用的。对这些基础设施和工具，从平时就开始整备和运用也被认为是重要的。

四、面对危机的组织中的领导

至此，我们主要探讨了面对危机之时，作为领导或组织应该如何应对的问题。下面我们来试着思考一下，所谓擅于面对危机的组织是怎样的以及为了建立这样的组织领导能起怎样作用的问题。

例如，确实存在着航空管制系统、急救中心和解救人质谈判小组这样的组织，它们被配套于复杂的社会、技术系统之中，即使在非常容易出问题的状况下，也能敏锐地感知事态、准备防患于未然的预案，直面不测事态也不会陷于瘫痪而能继续运转。

上述的组织我们称之为HRO（高可靠性组织），根据此方面的研究专家、密歇根大学的卡尔·怀库等人的说法，高可靠性组织之所以即使在意外事态、危机和非常事态下也能顺畅运转，是因为在日常经营中做到了以下5点。（卡尔·怀库、凯瑟琳·萨托克里夫《不确定性的管理》）

• 从失败中学习：坦诚承认失败和担心，接受它并目不转睛地从失败中学习（与只责备犯错人而不学习的组织形成鲜明对照），与系统的改善联系起来。

• 抵抗单纯化：为了提高效率的单纯化，有时就消灭了其他问题的萌芽。我们的理解是，正因为拘泥于细部，才能够发现重要的信号并应对复杂性。

• 重视运作：尽管战略决策也是重要的，但在现实的组织中，在实践层面能够进行怎样的活动左右组织的成败，绝不能轻视运作。

• 提高复原能力：要理解即使有万全之备，也会发生不测事态。因此，也要理解下述诸事的重要性，平时就应该和专家建立网络，考虑多种对策，在实际发生不测事态之际，即兴动作，富有弹性地予以修正。

• 尊重专业知识：在僵硬的组织中，上层面对不测事态的错误有扩大危害之虞，不要如此行事，要给对所发生的问题最熟悉的人决策的自由度。

这5点齐备的组织，成员的意识非常高。我们称这种状态为“有心的”，如果成员处于有心的状态，对细微变化的征兆也会感觉到，就会发现与危机相连的失败并迅速予以修正。反之，如果他们处于无心的状态，对变化不注意，看漏问题，仅仅按照操作手册工作，就会引起无法应对事态的状况。

那么，为了成为有心的组织，领导应该做什么呢？明治大学教授中西晶在其著作《高可靠性组织的条件——防止不测事态的管理》中提示了以下几点。首先要考虑的是，要对组织中的绩效考核、情报共享、教育训练、内部控制和决策等系统进行有意识的管理。例如，在对失败本身进行严厉评价的组织中，不会鼓励据实报告失败并让大家都从中学习这种行动。

另一方面，如果是鼓励第一时间报告微妙的变化和危险的征兆、从失败中学习那样的组织的话，成员们在平时就仔细观察周边情况，检讨自己的行动，并据实报告。当然，也要求积极进行与上述行动的习惯化相连的教育训练，构筑能够自由移动决策点的结构。

在这个具体的结构，即所谓的硬件方面努力的基础上，再加上软件方面的方法是重要的。也就是说，要有从内侧规定成员的行动的规章和营造企业文化。因此，这就要求领导从平时就要进行营造、维持重视“信赖”“正义”“勇气”和“学习”的组织文化的努力。

鉴于近年来大规模的事故、麻烦以及违反诚信承诺的企业丑闻和经营危机频发，我们明白从业务延续管理的角度看，即使是对普通的企业组织而言，进行使自己缩短与高可靠性组织间距离的努力也是必不可少的。根据这个原则，领导有回顾自身的领导力和回顾组织、团队运营的必要。

五、提高企业的应变能力与领导的作用

在现代，环境的变化加速，变化造成的冲击也剧烈，这一点似乎无需再言。为了能让组织不被这样的状况所左右并能适合新的状况，除了高可靠性的概念以外，还有类似能起作用的概念吗？有的，“应变能力”这一概念就能对这一问题意识给我们一个启示。

应变能力本是物理学用语，指恢复因外力造成的变形的能力。此用语慢慢在精神医学领域开始使用，指即使被置于因巨大压力而造成的困难状况下，却没有被此压垮，而是适应状况活下来的能力，也就是说，这个用语开始指精神上的恢复能力或再生能力。

例如，有这样一些人，他们在第二次世界大战中被送入纳粹的集中营，却在精神上没有创伤地生还。还有一些人，他们遭遇大事故、大事件或大灾害，尽管受到暂时的强烈冲击，却没有留下严重的 PTSD（创

伤后应激障碍）而恢复常态。可以说，这些人因为某种原因处于应变能力强的状态。

这样的话，下面的假说就可以成立：在处于变化迅速而激烈时代的今日组织中，如果提高其成员的应变能力的话，他们即使面对急剧变动一时处于混乱之中，也能克服困难、坚强地挺过来，并适应新状况持续发展吧。

应变能力到底是由什么构成的呢？各种研究的结果导致众说纷纭，但作为主要要素可以举出"思考有弹性""自控力""适应环境的能力""忍耐力"等。

在诸种要素之中，当然有生而具备的或者在幼小时的生长环境中后天培养的。但是，也有更为后天的学习获得的或者自周边的支援而获得的。因此我们可以认为，根据组织结构提高组织成员应变能力的尝试也会是有效的。

这个想法，与近年来受到瞩目的积极心理学的研究也是一致的。所谓积极心理学，是1998年由美国心理学家马丁·赛里格曼提出的，认为良好状态（身心和社会方面俱佳的良好状态）依靠其构成要素 PERMA 的提高，是以个人、组织和地域等的繁荣为目标的一种状态。所谓 PERMA 是指以下5个要素：

- P=Positive Emotion（正向情感）
- E=Engagement（身心投入或者说一门心思地从事某种活动）

- R=Relationship（关系）
- M=Meaning and Purpose（人生意义、工作意义及目的追求）
- A=Achievement（达成某事）

以积极心理学为基础尝试提高应变能力的例子很多，其中有代表性的要数宾夕法尼亚大学指导的应变能力训练。这个训练由美国国防部作为对陆军士兵进行大规模教育的项目予以引进，已经取得了成果。在包括日本的世界企业中，近年来也出现了以各种形式引进应变能力训练的动向。

领导在留意于自身获得应变能力的同时，也被要求打造成员之间共同拥有并尊重这样的要素的组织文化。正因为我们处在前途未卜的时代，这也许是被社会所要求的吧。

六、总结

毫无疑问，在非常事态下，领导力比什么都重要。之所以这样说，是因为我们有这样的假定，所谓非常事态是“罕见发生的事”已然发生的状况，在对此类事件的防备再次受到瞩目的背景之下，考察“非常事态”，也可以为领导在平时的行动提供参考。换句话说，在不确定性高的前途未卜的经营环境中，即使是平时的企业活动，也有和非常事态下的状况相通的地方。

能成为这样平时训练的要素的，就是我们在本节之中解说的“简单明了的核心价值观”“以理念和企业文化为形式的渗透”“据实且迅速的交流”等。如此一来，领导就让自己的组织拥有了“团队效力感”，从而满足了高可靠性组织的条件。或者使组织具有了应变能力。这不仅在非常事态下有用，即使在平时，也会锻造出强大的组织。

关键词

- 团队效力感：高田朝子。
- HRO：卡尔·怀库。
- 应变能力训练：宾夕法尼亚大学。

第3章

领导力开发

第3章的概要与结构

一、概要

正如我们到现在看到的一样，在每个时代中，领导力研究都是从“对优秀的领导来说，必要之物为何”这一视角出发进行的。时代背景、组织或集团所处的状况不同，对领导的要求也不一样，不能一概而论。

另一方面，近年来对“如何做才能成为优秀的领导”这一问题的关心在逐渐增加。其背景之中有这样切实的问题意识，即尽管在任何地方领导力都是必要的，但却没有足够数量的领导。

诸多企业的发展遇到瓶颈，常常处于组织易于老化和僵硬化的状况中，这就不仅仅要求高层管理人员和事业部长等一小部分干部级别的员工，甚至也要求各部门各级的中层管理者也要成为具有强烈当事者意识的领导。这是向个人和组织分别提出了“怎样做我才能成为领导”和“怎样做才能培养出领导”的问题。

在第3章中，我们将从这个“领导力开发”的观点出发，来考察构成基础的想法以及如何将其应用到培育组织的领导上去，中间掺以企业努力实践的案例。

二、要点

（一）对领导成长过程的研究

首先，让我们来回溯一下关于领导成长过程研究的系谱。领导力并非单纯地获得知识，而是从实践中自己总结教训而进行的经验学习。这一概念位于领导力的中心位置。

（二）对领导力开发的组织配合

论述了有组织地培养领导措施是如何具体实现的，企业大学等综合平台是如何被体系化的。然而，另一方面，领导力开发还在进化的路上。

（三）进化路上的领导力开发

领导力开发经历了上述的发展历程，它进而能向哪个方向发展，关于未来的可能性也是我们希望探讨的话题。

对领导成长过程的研究

案例

兴国化成是一家大规模的化学制品公司，16年前大学刚毕业的大村雅裕加入该公司，先后在广告、市场和人事部门工作。年轻的时候，觉得工作累得要死。广告部门的工作，必须掌握本公司的产品、公司内协调的顺序、业界的历史和习惯等方面的知识。由于工作不得要领，经常被公司各部门和媒体责骂，交流方法因此得到锻炼。最终用“与其学习，不如习惯”的方式操作。调到市场部门以后，无论是产品的营业额数据分析，还是新产品推介的策划，都要求他深入思考。

在人事部门，最初的2年担任福利工作，1年前开始负责新员工的录用和培训，现在的职位是人事部人才开发科长。

在人事部的时候，“请从经营的视点来看”成了口号，即使是在部门内部的磋商会上，也一定会听到“高田社长会怎样认为呢”的声音。大村带着“高田桑是怎样掌握作为负责大企业经营的领导所必需的思考方法的”“如果是高田桑的话，他会如何认为为成为领导什么是重要的，应该如何发挥领导力呢”的疑问，决定调查3年前就任兴国化成社长的高田的履历及其过去的发言记录。

高田小时候不爱出去玩，宁愿待在家里，是个内向的少年。但他却有个特点，那就是好奇心极强，不管什么事情只要他不自己调查清楚就不算完。尤其是对机械的构造和结构感兴趣，不管身边有什么东西，他都要拆分一下。玩具就不用说了，收音机等电子制品、自行车甚至摩托车，都被他拆得七零八落，然后再组装起来。

大学一毕业就进入兴国化成，最初被分配到该公司地方工厂的分析部（质检部），从事产品及试产品的质量检查工作。在分配的部门一般人会工作五六年，他却有机会就向上司请求说想从事设计工作，终于在第3年如愿以偿地调到了机械设计部门。此后他埋头于工作，但随着时间的流逝，渐渐产生了“仅仅画图真的好吗”的疑问。他认为不知道客户需求是无法做出好的产品的，所以希望下次调到商品企划部门。入社第8年，他被调到新宿总部工作，开始有了和客户接触的机会。“技术人员也要有企业感”，这句话到现在也是高田的口头禅。

转机出现在他成为管理人员后的一个项目上，那就是努力进行的新产品开发。因为这个单子是以给全球化的小轿车生产厂商供货为前提的，所以无论是供应的数量还是质量都要求很高。通过与客户对细节的反复磋商和公司内相关人员的多次沟通，最终在企业计划就要敲定之际，项目搁浅了。日美贸易摩擦的加剧导致客户推进生产向海外转移，受此影响，计划必须进行根本的更改。上级也劝他停止与此同时进行的开发，高田对项目断了念想。未能实现自己描绘的构想所造成的悔恨，把高田击倒在地。另一方面，自己未能从国际形势的潮流中洞悉客户的动向并将其体现在计划之中，对此他痛感自己能力不足。

“因为工程师过于拘泥于自己的做法，与此同时容易变得唯我独尊。即使只是为了避免这一缺点，也要总是变换视角来看待事物。从失败中我学到了这个重要的观点。”高田回顾当时如此说道。

此后，高田作为事业部部长，将负债累累的计算机记忆媒体的生意扭亏为盈；作为经营企划室室长，毅然对全公司的企业有价证券进行重组，一步一个脚印地在成为经营者的道路上前进。

实际上，高田有一个竞争对手，那就是和他同年加入公司的柴田。柴田是毕业于工程学受到一致好评的日本国立大学的硕士。他对企业的热爱堪称“爱社如家”，不仅头脑清晰，而且善于与人交流，加入公司不久就在总公司的技术部成为令人侧目的人物。此后被提拔为由社长直接领导之下的生产据点重组项目组的领导，与此同时，比通常情况早一年成为管理人员。项目经过一年半的缜密分析，柴田提出的重组计划在经营会议上得到认可。柴田成为新设立的工厂的技术部长，面向自己设定的产量翻一番的目标，为工厂重振雄风而在一线指挥。

但是，那里有诸多难题在等待着他。工厂的大部分操作员，都是从因重组而缩小了的邻近工厂调过来的上了年纪的人，怎么也学不会操作最新设备。其中，还有因不适应生活环境变化和工作不习惯的双重压力而病倒的人。柴田难以掩饰因无法按计划开工的暴躁，时不时会听到他在会场咆哮的声音。每当此时，也是和操作员们一样调过来的厂长，就只会说“别着急”来充当调停人。

技术部的员工们尽管很努力，但因和为支持引进最新设备而开始合作的外资工程公司的交涉而疲于奔命。有留学经验、通晓英语的柴田自己谈判，把技术水平放在优先地位，因而选了外资企业。尽管对方企业也有日本员工，但是关于设备的关键部分，却必须和拥有许可证的美国总部进行直接谈判。谈判用英语交流，再加上考虑到时差而将谈判安排在深夜，部下相当疲劳。

在一片混乱中又出了事故。设备试运行的错误设定和尚未习惯设备的操作员疏于确认叠加在一起，导致事故发生，压力增高的设备的一部分发生爆炸，操作员多人受重伤被送进医院。从不服软的柴田，对事故的回应也堪称漂亮。半年后，工厂恢复原状并再次开始生产，柴田却被调到总公司，又一年后，他跳槽到一家新公司。

“与我这样的人相比，柴田要优秀得多啊。”

据说高田每次和知心的伙伴聚会，就会如此嘟囔。

“得到高田社长如此评价的柴田桑，是怎样的人呢？尽管能记起来有这个人，但在我加入公司后不久就辞职了……”

使两个人的职业生涯分道扬镳的是什么呢？大村一边看着资料，一边任自己的思绪驰骋。

理论

领导是如何掌握领导力的呢？我们明白单靠增加知识是不行的。积累实践经验就行吗？仅仅这样还是不行。本来，人生下来资质和性格就不一样，行业和职位不同对工作的理解和话语也不同，能让领导力发挥的环境也千差万别。即便如此，在领导的成长过程中，应该存在着某种相同之处吧。在本章之中，让我们回溯这个系谱，来介绍一下从实践中获得教训的学习经验的概念吧。

一、从阐释领导力到开发领导力

关于何谓领导力，迄今人们提出过种种概念，进行过诸多实证研究，有一个说法称与此相关的理论多达5000种。尽管如此，正如“我们研究最多的领域，就是我们了解最少的领域”那句话所说的那样，目前的研究成果距离满足追求实际起作用的实干家的需求尚远。为了填平理论与实际的鸿沟，我们应该采用的方法是领导力开发论，它不将重心置于“对领导而言，何谓必要之物”这个问题，而是置于“如何做才能掌握此道”这样一个问题。

例如，案例中的高田社长是如何成为领导的？孩提时代也不是高人一筹的孩子王的类型，因为性格内向一个人把玩具拆了玩，难以认为他是天生的领导。另一方面，好奇心强，什么都要自己调查、不解决不罢休的性格，是对日后工作也大有用武之地的资质。

进入公司以后，以自己希望的形式，很早就有了在各个部门工作的经历。于是，正如他本人回忆往事时说的那样，担任管理职位以后所承担的新产品开发项目是他人生一大转机，尽管直接面对非常困难的状况，经历了自己没有想到的事，也有挫折感。但是，结果克服一切困难的经历，在其成长的过程中具有极大意义。

有了如此经历，即使高田是技术人员，也深感为了推进自己所想建立的东西，有必要将眼光投向更为广阔世界上的动向，将作为“拥有企业感的技术专家”之路走到了极致。

我们可以认为，在一个年轻的员工后来成长为引领企业的领导的过程中，就是这样充满了种种要素。作为组织，通过建立可以经验这诸多要素的项目并把项目提供给员工的机制，来开发、培养领导，已成为诸多组织的共同课题。

二、泛指意义上的领导力开发

在商务世界中，当谈到“培养领导”之时，“领导”一词所指的范围有宽有窄。既有指从地位而言董事长以上的少数高层管理人员的情况，也有在让全体员工具有领导意识的意义上被使用的情况。首先让我们来介绍后者这一应用范围更加广泛的领导力开发框架。

（一）商务人士必备的基本能力——卡茨模型

卡茨模型是对工作完成能力的古典分类法之一，迄今仍在商界培养人才的现场被广泛应用。哈佛大学的罗伯特·卡茨认为，如果对管理者的能力进行大致分类，可以分为技术技巧型、人际技巧型和概念技巧型3大类，级别越高就越要求领导属于概念技巧型。

将此模型应用到案例中的大村的话，他在广告部工作之时所必要的产品知识和公司内流程属于技术技巧，与相关者调整关系的交流属于人际技巧，市场工作所要求的从数据分析得到启示属于概念技巧。

但是，卡茨在1955年发表于《哈佛商业评论》杂志上的题为*Skills of an Effective Administration*的文章所假定的是“Administration=管理者”，现在的感觉是这个词所代表的含义接近于商务人士全体，也就是白领。不能说该文把焦点集中于引领企业的“领导”的作用上，其描绘的领导形象与今日所要求的领导形象相异之处不少。

然而，抱着让员工全体都能为企业起到领导那样的作用的想法来进行人才培养的企业也很多。从这个意义上说，卡茨模型认为管理者的表现并非由生而具有的特性所决定，可以通过开发3个技巧来提高领导力的观点，即使在今天也应该被置于我们培养人才的基础之上。

在顾彼思，以卡茨的理论为基础，将现代商务领导应具备的能力要素分为以下5类（图表3-1）。

• 商务框架：为解决与经营有关问题所必需的思考、分析框架。

• 概念技巧：将状况结构化，把握本质，找出最佳解决方法的能力。

• 人际技巧：在组织中实现计划必要的、非固定的人际交往能力。

• 态度：对先于现在行动的思考和经验的表现。

• 行动：以意识或心的要素、态度为基础，针对特定状况能够采取行动的特性。

接下来，给予这些要素以影响的是意志、意欲、价值观、信念等一切构成行动及思考根本的意识的要素。个人能力就是通过上述的5种基本能力加上意识的要素而被综合表现出来的。这些基本的能力并非上天所赐，而是可以开发的能力。

图表 3-1 顾彼思商务领导模型

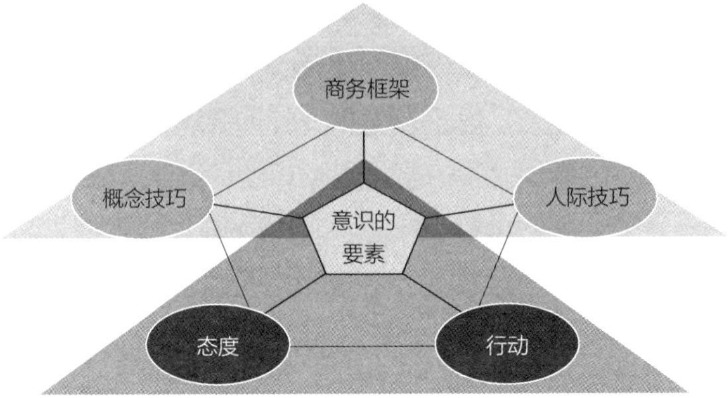

（二）分析应有之姿的框架——冰山理论

将“优秀的领导”和“不优秀的领导”判然两分的标准是什么呢？正如我们在第1章所述，关于分析领导特性及其行动的框架已有很多研究，但笔者们在思考领导的应有之姿之际，使用被称为冰山理论的框架，从“行动”“能力 - 知识”“意欲 - 意识 - 思考方法及立场”3个要素（图表3-2 ）具体分析。

图表 3-2 冰山模型（领导要素的分层认识）

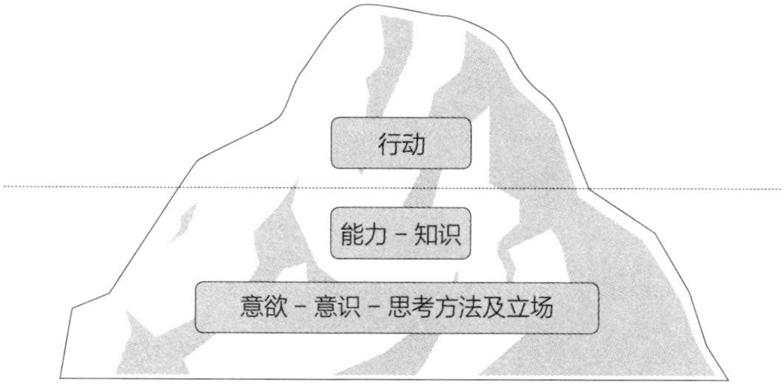

• 行动：提出愿景、树立高的目标、言说理想、带动周边、显示个性、发挥潜力、发挥主体性、整备环境与分配资源、正确（按照意图）传达、通俗易懂地传达、汲取、发问、让人思考、给予干劲和能量、培养。

• 能力 - 知识：有洞察力、有决断力、有说服力、有解决问题能力、有历史观、有先见之明、有创造力、有对多样性的理解力、知识与人脉丰富、具有坚强信念、有不可触碰的底线。

• 意欲 - 意识 - 思考方法及立场：热心、热情、冷静、诚实、谦虚、深沉、心胸宽广、开朗、乐观看待未来、公正、勇于担责、刚强、严格、责任感强、成就感强。

冰山模型的第1个特征是，3个要素相互之间都有关系。也就是说，没有必要的知识和能力，就不能行动。进而，如果根底里没有强烈的意欲或意识的话，也就没有知识和能力，就不能行动。因此，为了提高行动力（执行力），就必须考虑如何提高意欲和意识以及如何加强必要的能力和知识。

第2个特征是，正如其名称所显示的，能力 - 知识和意欲 - 意识隐藏在水面下看不见，能被看见的仅有行动这一点。人们在评价一个人的能力或意欲之时，归根结底只能以眼睛看得见的行动为对象进行。因此，不管自己如何号称具有何等的能力或知识，如果这没有作为行动体现出来，就绝对得不到认可。

把作为行动而显现出来的能力——“胜任、干练”作为企业评价的标准，也是出于同样道理。领导常常必须用行动显示。

三、聚焦于“引领周边的领导”的开发论

那么，培养组织的上层或在某个领域作为第一人能引领周边的领

导，什么是必要的呢？在卡茨模型中的3种能力上得到高分的人，如果作为领导管理更大的组织的话，在那里也能取得好的结果吗？回答是未必如此。就像案例中的柴田那样，即使周边的人都认可他的优秀，但仅仅如此不意味着作为领导能够成功。

被称为领导力开发论第一人的经营学学者沃伦 · 本尼斯，采访了不仅包括商界人士，还涵盖作家、科学家和政治家等活跃在各领域的领导，详细调查了他们成为“人物”的过程。由此发现了作为领导成功的人有2个共同点。

首先是在其成为“人物”的过程中，都经历了使此前的行动和想法陡然一变的决定性的大事件，或称“坩埚”（严峻的考验）。所谓坩埚，意味着“忍耐和信念受到严峻考验”（图表3-3）。

图表 3–3 领导力开发模型

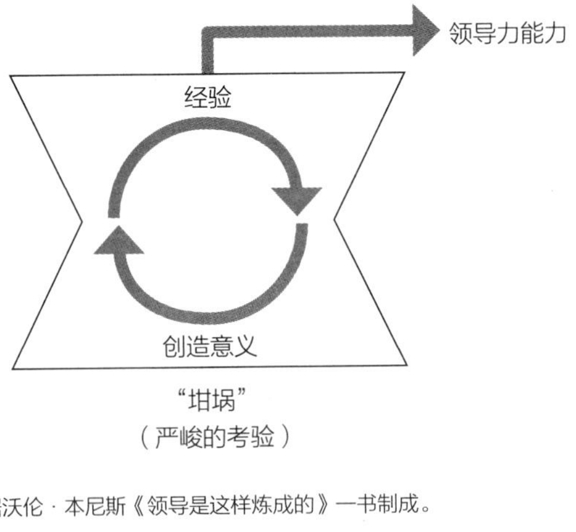

出处：顾彼思根据沃伦 · 本尼斯《领导是这样炼成的》一书制成。

另一点是，有强烈的从经验中学习使自己向更高层次成长的学习欲望。也可以说是认识状况、把握住机会的能力，或者说是不让变化和失败共存的“适应力”。

另一方面，IQ、家庭富裕程度、学历、民族、人种和性别等个人因素，无法同作为领导的成功连接起来。本尼斯得出结论，从困难的经验学习从而养成的与自己的成长相连的“适应力”正是作为领导必须具备的，“人不是生来就是领导，领导是炼成的”。

四、学习经验的想法

正如在本尼斯的想法中也能见到的那样，在领导力开发过程中，也就是在人作为领导成长的过程中，“如何能从经验中学习”掌握着关键。“学习经验”这个概念之所以在商界得到重视，是因为学习不是被把握为被动地记忆知识，而是被把握为“从自己的经验中抽出独自的见解”。

20世纪初，美国哲学家约翰·杜威挑战“所谓学习就是在个体内部积蓄抽象的概念、符号”这一有代表性的传统学习观，主张“真实的教育全部来源于经验”。他把“根据学习者自身的反思，在学习者的内心形成新的想法，把获得的新经验或想法作为此后经验的基础连接起来”作为理想。

举例来说，不是在头脑里硬塞进去商品知识，而是试着与相关者调整关系，反思是否行得通，并思考下次应如此这般地予以改善，不停采取补救行动的过程。以上就是学习经验的图景。

大卫·科尔布遵循将学习中经验的作用概念化的杜威的构想，致力于实践的普及。科尔布认为，学习是“通过转换经验创造知识的过程”，构筑了由4个步骤构成的经验学习模型（图表3-4）。

也就是说，个人是通过以下4个步骤学习的：经历具体的经验；回顾其内容；把由此得到的教训提炼为抽象的假说或概念；将概念应用到新状况中去。

在这里重要的是，如何超越经验本身地解释经验，从中能够得到怎样的教训。可以认为，即使有经历了完全相同的经验的两个人，因各自的把握方法不同，学习的内容就会不同，其后的行动也不会一样。在这个模型中，学习是一个没有终点的过程，体会实践的这4个步骤的反复循环的风格，意味着“学习学习方法”。

顺便说一句，在经营者之中，强烈地意识到这一点并用来指导员工的人也不少。尤妮佳的创始人高原庆一朗在其担任社长的时代，在公司内部反复释放这样的信号“实况转播型的经理人员是要不得的”。不是将经验的事原原本本地报告，而是要说明从中可以做出怎样的解释，这个解释与下一步的行动是如何联系在一起的。能够说明上面的问题，才有作为经理的附加价值。

图表 3-4 经验学习模型

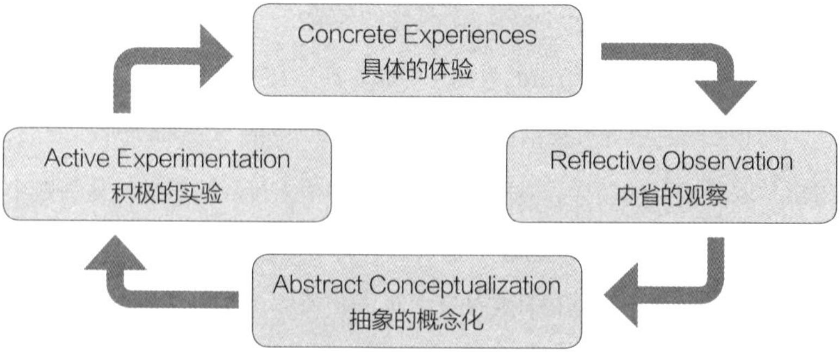

出处：顾彼思以 David A. Kolb, *Experiential Learning Experiences as the source of learning and development* 为基础加工制作。

五、成功的领导和“出轨”的领导

自科尔布提出经验学习模型以来，在人才培养领域以经验学习为核心内容的研究与实践活跃起来。其中较为令人瞩目且被广泛实践的是，对经理人员和监事管理人员的领导力开发的应用。

（一）产生“成功的领导”的契机

美国的领导力开发专门机构 CCL（创意领导力中心，请参照本书第223页的专栏），在20世纪80年代实施了大规模的采访调查，此后给领导力开发论以很大影响。对在6家美国企业任职的191名“成功的”上层管理者，询问“回顾迄今的职业生涯，你认为使自己在工作上得以飞跃性成长的事情、事件或轶事是什么？通过这些事情，你学到了什么”这个问题。因为要求每人至少要谈3个具体的经验，所以最终采用的关键事件达到616件，从中总结出的教训（经验）高达1547条。

摩根·马克尔等人总结这次调查，著有 *Lessons of Experiences* 一书，得出“取得成果的领导，观察自己实行的和他人挑战的事情，从失败中学习。领导力并非天赋的才能，是可以后天学习、开发的东西”的结论。

应用到案例中的高田社长的话，他必须放弃自己担负重大责任的开发计划，就相当于马克尔所说的从失败中学习吧。此后他从这个经历中学到了“总是变换视角看待事物”这一点。

诸多著名的经营者，也有同样的经历。例如，西科姆[①]的最高顾问饭田亮，据说他在创业第4年的时候，因组织规模急剧扩大的不良后果而苦恼。员工对顾客行窃的事件，在2个月内居然连续地发生了7起。饭田思考如何才能一扫公司内的不良风气，他决定特意留心增加和员工碰面的机会。之所以如此决定，是因为他认为，员工行窃不过是一时冲动，在其鬼迷心窍之际如果能想起自己的脸，他们就不会下手了吧。据说通过这个经历，时年33岁的饭田加深了对人的理解，以致感叹“人是易于犯错误的，也很脆弱”。

① 日本最早的保安公司。——译者注

（二）成为“出轨的领导”的契机

也有这样的观点，一方面有从经历学习获得成功的经营干部，那为何也有有才能却未能成功的人呢。还是那个CCL，注目于作为领导不成功的人物，展开了把他们作为反面教员的研究。这是关于经营干部出轨（derailment）过程的研究。

所谓出轨，意味着从公司内职业生涯的轨道上脱离。有些经营干部尽管在职业生涯的半程非常成功，其后却因某种原因出轨。调查他们我们就会发现，前半程成功的理由也成为出轨的理由，这样的例子比比皆是。也就是说，“成功成了失败的原因”。在分析其中的动力机制的过程中，以下4个因素浮出水面。

（三）“强项”变为“弱项”

得到有决断力、追求高标准好评的领导，后来却被指责为傲慢、独裁和粗暴，这样的例子并不罕见。人有两面派的特点，根据情况，对同一个事物既可以做好的解释，也可以做坏的解释。例如，专业知识丰富一般被视为“强项”，但如果过度依赖此点，就会把自己的工作方法强加给部下，就变成了“弱项”。这种倾向多见于上司比部下更熟悉工作内容的场合。

案例中的柴田，因为比谁都熟悉技术而且英语能力强，按照自己的标准订立建设新工厂的计划，选定外资工程公司为合作伙伴，这就有强成员所难的一面。

导致成功的“强项”变成问题的原因，在于成功本身。即使时光流逝、周边的环境已经发生变化，却对曾经起作用的“强项”难以割舍。如果开发不出能取代旧技巧的新技巧，放弃原来的做法和技巧确实难上加难。

（四）“隐藏的缺点”浮出水面

“感觉迟钝”是被人们最经常提及的出轨经营干部的缺点，同时也是与成功的经营干部最明显的不同点之一。

留下显著实际业绩的人，因升职或被任命负责重要的项目，工作环境频繁变化的情况多有。但是，即使在新环境中也依靠明显的“强项”持续成功的话，与自信的加强相呼应，就会易于轻视潜在的“缺点”，乃至忘记其存在。然而，一旦陷入其强项不能正常发挥作用的状况，就会只剩下迄今未被注意的弱点。

柴田的例子也是这样，头脑清晰、分析力强在能够发挥作用的局面下没什么问题，但在作为技术部长到工厂赴任后，对他人情绪欠考虑的弱点就暴露无遗了。

（五）因成功而变得“傲慢”

才能和成功是傲慢之母。感觉自己是特别的这一想法膨胀，就会倾向于认为即使不遵守一般的规则也没关系，进而造成周边的人对此态度感到不快。尽管曾经是有能力的人，渐渐变得不能正视现实，对给他人造成的影响感觉迟钝，最终导致出轨。

柴田也许未必是变得傲慢了，只是对事情未能按照自己订立的计划进展，不能客观、谦虚地接受。因此对工厂的员工提出不现实的无理要求，这成了大事故发生的间接原因。

（六）“不幸运”

时不时会有这种情况，由于本人完全没有预料到、纯粹属于“不幸运”而造成的环境恶化，导致无法取得成果。话虽如此说，即使在那样的场合，也不是与出轨者的行动和态度完全没有关系。因为多数有能力的人和曾经成功的人都罕有受挫经历，所以没有掌握通过失败经历来学习的应对方法。即使时运不佳，失败还是由于找不出克服危局的办法或缺乏使其好转的智慧而造成的。因此，失败就成了当事人能力不足的曝光契机。更有甚者，不能因此接受失败的现实，隐藏失败或转嫁责任给他人。如果采取这种态度的话，无能或缺乏责任感的缺点就暴露在众目睽睽之下，周边的人对其的评价也会极端恶化。

还有，受到瞩目也是不幸运的原因。留有实际业绩的人事情进展不顺利，即使不是他本人的原因，也会因为周边没事找事的吹毛求疵之人造成当事人的弱点和缺点引起人们注意的不良后果。于是只有弱点和缺点被锁定，在和强项与优点相比时被放大。这样的话，要想掩盖就相当困难。

柴田的情况就是这样，事故发生的原因本来是不幸运，但却因为事故导致对他管理能力不足的关注，有被调走的可能性。柴田如何阻止了这样的麻烦，案例中没有谈到，但即使不幸运是外来原因，不把失败作为自己行动的责任接受的人，结局是会成为出轨者。

整理到目前为止的考察的话，在一个人作为领导成长的过程中，他被要求经历成为飞跃式成长契机的严峻考验，并具有克服这种考验程度的学习能力。另一方面，要事先意识到自身之中潜藏的强项和弱项招致出轨的可能性，为此有必要营造能够得到周边人反馈的环境，并对自己有正确的认识。

专栏：克服弱点还是发挥强项——自我认识的有效方法

在为进行领导力开发而举办的短期培训项目中，学习“自我认识”和对探讨领导应处于何种状态的领导力论本身的学习一样受到重视。尽管有种种测量方法可以作为其手段，但有代表性的方法则是我们在第1章中介绍过的MBTI、九分法、五大要素模型和力量发现者等方法。

这样的诊断工具，如今在培育人才的现场得到广泛运用，但过去却认为人格与职务上的成果之间没有必然的联系。20世纪80年代以后关于职务成绩与人格间的关系的研究取得进展，五大要素模型等在超越文化和语言壁垒的、世界中几乎所有的异文化间研究中被证明为正确，开始在欧美商校的管理人员课程和全球规模的领导力开发项目中被广泛应用。

应用测量方法之际，是应该注目于相对得分较高的所谓“强项”部分呢，还是应该注目于得分较低的“弱点”部分呢？考虑注目于“弱点”，加强不足的地方，是自然的反应。特别是如果在自己所处状况下明确被要求的要素极端薄弱的话，不克服这个弱点可能是致命的。但是，被批评的弱点是明确的这一情况非常罕见（明显薄弱的话，可能本来就无法得到这个职位），却多有烦恼于此外的诸多因素的情况。

近年来开始流行的积极心理学认为应该发挥强项，力量发现者等理论就是站在这一立场上的。但是这样的测量工具是例外，得分高的强项和得分低弱点两方面都被反馈是普遍现象。尽管注意到弱点会陷入自我嫌恶，降低工作热情，但说因此就只把目光投向强项而忽视弱点也是极端的应对。本来特性中就不存在“称心的／不称心的”这样的绝对标准，自己的特性是发挥了好的作用还是坏的作用，应该根据具体情况判定。不管是哪一种情况，在某种状况中，提前知晓自己容易有何种反应，都会有助于自我控制。

例如，在直面失败之际，自己会怎样反应？根据人格诊断的五大要素模型的分析，例如，在“诚实”的子项“追求达成”得分高的话，在非常渴望的目标没有达成的情况下，也许就容易情绪低落；在“情绪稳定”的子项“愤怒”得分高的话，就能够解释为有责备他人的小错误并夸大其严重性的倾向。

认识到自己属于哪个类型，就能够意识到尽管周边的人毫不介意，自己却易于过度担心失败；或者是和上面正相反的，自己过于迟钝，周边的人焦躁不安自己也毫不在意。或者是如果明白周边的人属于哪个类型，即使在糟糕的情况下，也能进行更为有效的沟通吧。为了让认识自我发挥效力，有必要提高到这个水平。

六、总结

自从领导力是“可以开发的”这一认识成为主流以来，关于怎样做才能有组织地开发领导力和何种措施有效，人们进行了反复的试错。

在本节之中，介绍了将应该加强的能力分类的卡莰模型、将体现在表面的行动与成为原因的要素分类的冰山模型，以及认为人的知识并非被动地被给予的而是通过自己的经验自主得来的经验学习思考方法。

本尼斯的观点，特别是“严峻的考验”和“强烈的学习意愿”作为经验学习甚为必要的领导力开发模型简单易懂。进而，通过CCL的研究，我们对“出轨的领导”有何共性，为避免成为此类领导应如何行事也有了见解。

成为领导力开发指针的基本思考方法就是这样得到阐明。

关键词

- 卡茨模型。
- 冰山模型。
- 领导力开发模型：沃伦·本尼斯。
- 经验学习模型：大卫·科尔布。
- 成功的领导、出轨的领导：CCL。

领导力开发的组织配合

案例

“21世纪是亚洲的时代，我们不能在国内苟且偷安。为了推进全球化的展开，公司需要大量的领导。5年以内，我们至少要培养100名能够引领一个业务单元的管理者。”

“敏捷行动社”社长金子悠在经营会议的一开头，面对执行董事和各部部长，高声宣布了上面的决定。该公司起步时是个面向中小企业的咨询公司，此后积极进行M&A（并购），发展为旗下拥有诸多服务业务的集团公司。其决策和开展业务干脆利落，在公司内外有口皆碑。

经营会议结束后，他又特别命令人才开发科科长山边和惠，让他思考一下使“5年内培养100名领导”成为可能的公司内培养制度。此前该公司的人才培养，基本方式是各部门各自进行OJT，也几乎没有轮岗。公司的培训机制是以升为管理人员时进行以守法合规和劳务管理等为内容的分级别培训为主。因为社长说了“5年以内100名领导”这样突然的话，用过去的做法肯定是来不及的。到底怎么办好呢?

山边感到有必要从根本上改变思路，决定广泛收集在干部培养方面大家一致认可的企业成功事例。

通过调查他发现，在外资的全球化大企业中，很早就开始推进栽培领导的机制，那就是在提前选拔优先聘用的快速通道上推进领导力开发项目。模仿这一做法的几个先进的日本企业，则举全公司之力设立了体系化的培育领导平台——企业内大学。

“展开全球化的外资企业的组织形态，也许和诸多业务融合在一起的我们公司的组织形式类似。”

图表 3-5 领导力开发观的对比

	“适者生存”的观点	“适者开发”的观点
领导的特性	多被先天决定是否具有这种特性	特性多为后天获得，现在不具有的后天努力可以获得，或者现在具有的以后也可能失去
经验的作用	经验测试特性，被用来打磨特性	经验是特性之源
为建立人才开发系统达成共识	选出区分成功者和失败者的特性	选出领导直面的战略课题
	开发测量个人特性的基准	辨别使人们能对直面的课题有准备的经验
	寻找具有领导特征的人	寻找能够通过经验学习的人
	测试技巧，为打磨技巧而给予困难的经历（适者生存）	支援学习不得不学的东西（适者开发）
	达尔文模型	农业模型
不同点	遇到困难，人会靠自己的力量解决。通过实际业绩，来制定该人是否具有“某种优秀的东西（才能）”	目标是为使人成功而进行援助。在给予困难的课题之际，支援使其能够利用学习机会

出处：顾彼思根据摩根 · 马克尔《高价股票》一书制成。

山边想断然将人才开发的最先进的手法作为自己方案的衡量标准。为了收集情报，他也积极参加公司外的讨论班，看到某个讨论班配发的图表（图表3-5），他恍然大悟。

“原来如此，以通过实务的测试‘选拔合格的人才’这个设想，总觉得技巧和速度不够。如果能确保候选人在一定数量以上，加以使他们能够不掉队地担任领导的培训这个设想如何？确实，这样的话领导候选人的数量和培养速度就可以两全，有必要提出和以前完全不同的设想啊……”

山边拿着这张表，去找金子商量。金子面带严峻的表情将资料过目，随后就像下定决心一般对山边说道：

“培养领导是最优先的课题。希望你根据这个想法来进行安排。我本人也会尽最大努力执行，也请董事们作为指导者参与进来。将教育全部体系化，成立敏捷行动大学，我来担任校长，各董事担任各学科主任，因为加强海外业务是现在的急务，所以特别希望你听一听海外业务部太田常务董事的意见，并请海外任职经验丰富的田村顾问配合。”

金子发出了比自己的预想还要详细的切实可行的指示，山边内心对此感到惊讶。

“怎么回事，在我来之前似乎社长本人就胸有成竹。确实是当真的啊。此后要忙起来了啊……”

理论

领导力开发的想法，已经进步到实现有组织的领导培养措施，体系化为企业内大学等综合性平台的地步。然而，另一方面，领导力开发还在发展的路上。

一、领导力开发的框架

在组织之中，有易于导致有才能的人才出轨的状况。具有优秀资质的领导预备队，如果放置不用、进入出轨之网的话，培养领导的步伐也就落下了。因此，作为领导开发一方，进行让种种经验起正能量作用的控制是大的课题。

例如，即使是同一个公司的董事，负责生产和负责企划所要求的领导力不一样也不足奇。还有，即使是同样负责生产，生产点初立时期和稳定运行时期，或者在推进与其他公司的统废合（统一、裁撤、合并）的局面下，也会要求不同的领导力吧。根据领导的职位和组织在当时的局面下所采取的战略，所要求的领导力都会发生变化。

某个领导所具有的资质，对当下的战略执行是否有用，事前难以完全观察清楚。常常是出了成果以后，才明白那个人作为领导适合那种状况，具有“某种优秀的东西”。前面介绍的 CCL 的马克尔认为，在组织中推荐领导力开发的主要因素，除了“经验”，还有“战略”和“触媒”。

为使各自具有的资质（才能）作为领导力发挥出来并取得成果，什么是必要的因素呢？为培养这些因素，何种经历比较恰当呢？据说，这些都是由业务战略决定的。还有，是否存在促进从经验中学习的触媒，也会大大左右学习效率。

也就是说，马克尔思考的所谓经验，具体来说就是在“对项目组的参加与策划”“重振萎靡的部门或业务”“开拓新业务及新市场等零起步工作”这些业务中起主导作用，对某人可以托付何种业务，是与企业的战略联动的问题（关于促使管理人员成长的经验，请参照图表3-6）。于是，使由此得来的经验能更有效率地与领导力开发相连，来自他人的反馈或精神作用的机会、恰当的评价制度这些触媒的存在就变得重要起来。

图表 3-6 促进管理人员成长的经验

初期的工作经历
伴随人事调动的不习惯的工作
最初的管理职位
海外任职经历
零起步开创业务的经历
业务重组和提高业务量
生意上的失败、职业生涯的挫折、难度高的职务、压力大的职务
规模庞大的商业管理
跟从上司学习的经历
无能的部下、难以相处的上司

出处：松尾陆《培育职场人“经验学习”入门》。

案例中的金子社长，重视扩大海外业务这一战略。因此，在此局势下，需要的是以新规模开拓海外业务从零开始操作的领导力。在未知的环境中快速建立起业务的领导力，不可欠缺的资质是：不怕风险、能够允许暧昧的状况或小小的不周、快速决策。还有，理顺与多种相关者间的关系，并不是用权威使之服从，而适合提示共同愿景的风格。

图表 3-7 有组织地开发领导力能力的模型

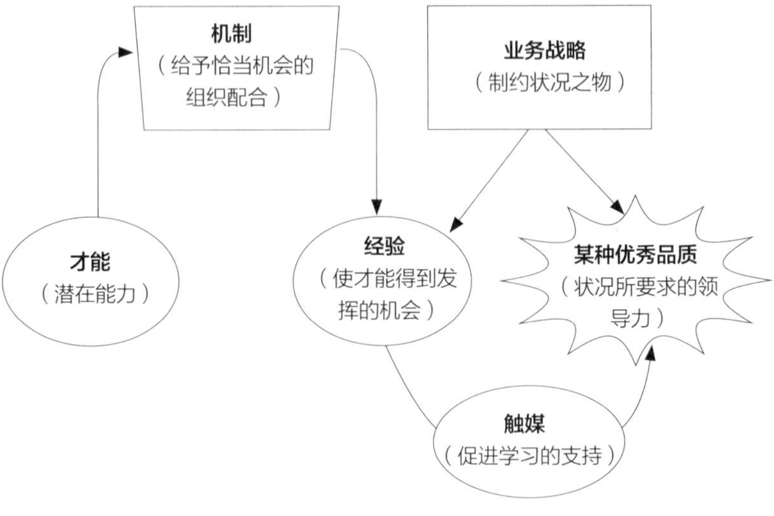

出处：顾彼思根据摩根·马克尔《高价股票》一书制成。

这个特性与被认为有效率地运营国内业务所必需的能力——诸如缜密的计划与正确的分析、细致的提前沟通，是完全相反的。收罗具有能够发挥这种领导力“才能”（潜力）的人才，给予他们让这些潜力取得成果的机会，是必须做的事情。这个机会也许是派往新目标业务国的网点，也许是让他率领由外籍员工和日本员工混编的项目组。作为那里的触媒，应该考虑配置田村顾问那样的海外经验丰富的顾问、采取不是减分主义而是加分主义的评价方法等人事方面的环境整备（图表3-7）。

一方面以这样的模型进行理论化，另一方面实际上在企业内部作为推进领导力开发的结构而具体实现的代表性案例，我们对照着这个概念在下面予以介绍。

二、领导力引擎

将领导力开发置于经营的最优先事项、致力于有组织地培养商业领袖的代表性企业是 GE。该公司研修设施的克罗敦维尔领导力发展中心的主任、建立了培养领导的体系的诺尔 · 蒂奇，集自己在 GE 的领导力开发实践与此前25年的研究之大成，在1997年出版了《领导力引擎》（与艾利 · 柯恩合著）一书。

蒂奇在书中认为，如果组织内有让领导辈出的机制，企业就可以做到持续增长。于是，他把这个组织上的机制称为领导力引擎。

在成功的企业中，不仅在顶端有领导，在所有的层级都有领导。在这样的企业中，最高层认识到培养领导是最重要的任务，为教育投入大量的时间和精力。进而，所有层级的领导，都为培养下一任的领导而在教育上投入时间。当此之际，面对下一代的领导，讲述从自身的经验提炼出的故事，就成了培养领导的最有效的教育方法。因为通过讲述故事，将从自己的经验推导出来的领导力构成要素，以可以教授的（teachable point of view）这一能够传达的形式予以提炼。

不用说，在GE以外，也有将领导力开发作为经营上最优先的事项并在组织上倾注全力的公司。

担任百事可乐总裁的罗杰尔·恩里克，在就任CEO的2年前，自己设计了名为“做生意”的培训项目，每次召集9名参加者，在一年半的时间内举办了10次之多。

项目长达5天，在远离办公室的地点举行，从早上8点开始持续到深夜。恩里克在每天与参加者进行一对一对话的同时，还召集全体人员讲述他自己的成功和失败，并谈从中得到的经验和教训。另一方面，他要求参加者带来能对自己公司产生划时代影响且切实可行的方案，并在现场公开给大家，全员讨论如何改善方案，如果实践的话需要如何做为好。随后，要求在培训结束后的90天内，在职场实践其方案。恩里克随时提供建议，回答咨询。90天后，恩里克要再和参加者开3天的会，会议内容包括参加者报告项目进展情况，反馈、回顾学习到的东西。

“做生意”培训项目堪称恩里克个人主办的实践大学，它催生了为数众多的有即时效果的业务革新项目。更为重要的结果是，在百事可乐内诞生了为数众多的对恩里克有亲近感、能够理解他所思所想的第2代领导。

为了设计教程并实际施教，恩里克必须整理知识，予以体系化，并把自身常年来掌握的东西从教育的观点出发予以打磨、澄清。

领导从自身的经验创作故事的场合，从教育的观点看，有思想、价值观、感染力和底线4个必要的领域。思想是为了运营能在市场上获胜的组织而起作用的知识和想法。价值观的意思是个人价值观和企业价值观的关系。感染力是鼓舞自己和周边的人的能力，底线则是进行坚毅和勇敢决断的心理结构。

讲述这些包括教育的观点的故事之际，将经验知识化为文字并作为领导力发挥的“精髓”予以传达，其过程不仅对项目的听讲者，对担任教育职能的讲师也是有效的方法。因为它与从经验引出来教训、以使其获得生命的形式概念化的“经验学习模型”一致。

就这样，互教互学的良性循环在组织全体运转，企业成了“教育的组织”（teaching organization）。良性循环的教育提高了每个人的智慧，造成了一体感，加强了组织的活力。正因此故，教育的组织能够持续保持竞争中的优势地位。

英特尔的创始人安迪·格鲁夫也是为了把部下培育成领导而“施教”的伟大领导。他著有《英特尔战略转换》一书，其中有这样的句子：

“我是一介工程师，也是一名管理人员。但是，我却特别想把自己思考、理解的东西教给别人。想一起分享和想把我得来的教训分享出去是一样的冲动。”

半导体行业和其他产业相比，产品的生命周期短，生产技术进展神速。因为这个原因，格鲁夫认为，为了提高业绩，必须克服戏剧性的变化。因此，格鲁夫不是致力于洗练战略模型，而是致力于提高领导的核心能力。

“企业如何渡过困难的变革期，与非常‘软’的、极为难处理的问题相关联，也就是管理处于危机之际，它与在感情上如何反应这一点相关联。”他认为，培养拥有对公司的做法偏执狂般坚信、能够应对变化的领导，正是公司成功的关键。

整个20世纪80年代，英特尔急剧成长，人员倍增。在公司中，出于对失去饿狼般偏执狂型文化的危机感，明确将教育定位为每个员工的义务。格鲁夫自己也亲自负责新入司者的定向培训和高级经理的课程，他规定教育是领导层的业务，奖金的一部分基于对此的贡献发放。领导者中，既有在正式的教育课程中执教者，也有在遍布世界的英特尔现场“施教”者。

领导力引擎，就是这样作为保证企业在竞争中脱颖而出的一件武器而受到瞩目。

三、领导力补给线

在领导力开发进展的基础上，如何不出轨地面对对培养来说必要的挑战就成为人们研究的课题。领导力补给线模型（图表3-8）成了解决这个问题的线索。这个模型表示的是一个人作为领导，经历从系长、科长、部长、业务部长、业务总括董事，到经营责任人的各阶段成长的过程中，通过的转换点及在此遇到的问题，为越过转换点的障碍而需要进行的支援（培训等）。

图表 3-8 领导力补给线的 6 个转换点

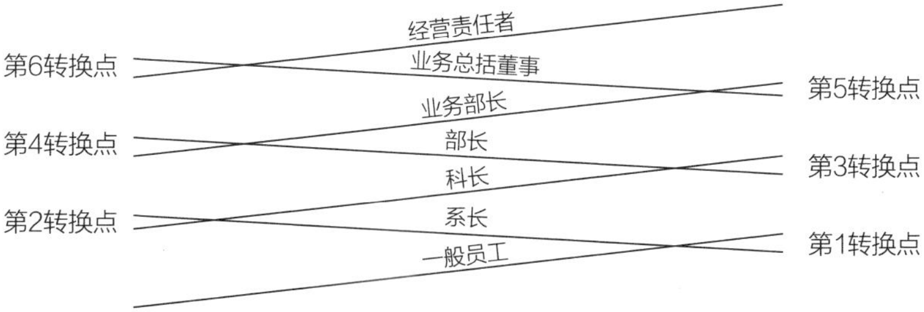

这个路线图基于沃尔特·马勒《职业生涯中关键的十字路口》一书，显示了职务要素（技巧、业务时间分配和职务意识）中的主要变化。

出处：拉姆·查安、斯蒂芬·德罗特和詹姆斯·诺埃尔合著《培育还是毁灭——领导力开发视角下的两类公司》。

要点在于，督促成长中的领导在各转换点舍弃在原职位时的旧做法，满足新职位的新要求，这包括技巧（完成新职责所必要的能力）、业务时间分配（规定怎样工作的新的时间表）和职务意识（认识其重要性，并相信应该投入精力）。

例如，在从部长上升到业务部长的转换点，不仅要理解各种职务的机能，还必须整合它们，以获得长期稳定的利益。这对于一个此前一直在一个职能部门工作的人来说，会是非常巨大的挑战。必须对跨越职能部门的问题保持敏感，对自己熟悉部门以外的各种类型的人，进行明确有效的交流。

还有，在到达可称为“领导中的领导”——企业经营负责人这一最后的转换点时，要求职务意识有一个大的变化。作为全公司的领导，长期的思考和洞察力成为必要的同时，还必须开发每季度把握、提高业绩的机制，一方面用自己强大的意志经营，一方面倾听董事会的意见。比什么都重要的就是，必须学习从这种权衡中找出意义。

这个模型旨在去除全体管理人员眼中对培养的障碍，让更多的领导能够沿着职位的阶梯成长，不是依赖于少数的“超人式领导”，而是让组织全体有足够数量的领导。这个框架，同领导力引擎一样在 GE 受到重视，此外，像 City Co-op 和玛丽奥特国际（万豪集团）等在人才培养方面受到高度评价的公司也在应用。

例如，万豪集团把领导力开发定位为本公司最重要的课题，构成开发基础的领导力能力开发过程，就是评价各转换点的候选人的状况，找出“做好了进入下一个阶段的准备”的管理人员的过程。所有的管理人员沿着领导力补给线的框架，都能掌握领导所要求的能力。管理人员被要求积极地进行教导，配合部下的成长进行反馈，对于具有应对新挑战能力的人才，必然给予升迁的机会。还有，为了支援领导力开发，还准备了公司内外的培养计划。

还有，我们也不能忽略该公司建立的将种种情报进行一元化管理的 WebBase 系统。在网络上，每个人将自己过去在职务上的经历、现在工作上的课题、开发需求和对职业生涯的期待等输入，上司和同事则对该人的干练程度和管理技巧进行评价。也整备了实态把握该人创造性或语言表达能力之类的成功要素的机制，综合种种情报，选出取得好业绩的或者需要特别注意的人物。

基于如此收集来的情报，也对本人进行严格的面试，不仅是评价最近的成果和判断技巧与职位的适合度，还要重点评价对高级管理人员来说重要的3要素（学习能力、挑战逆境的能力和情商），发掘有升职潜力的人才。

同时，在一系列过程中，由于管理人员的候选人们总会被问到“应该采取怎样的行动”这样一个问题，会收到一个附带的效果，那就是普及对在领导力补给线各阶段中被认为必要的条件的共同认识。

领导力补给线模型的概念，对于回避后继者选拔 - 培养计划（succession plan）容易陷入的问题也有作用。一般来说，后继者选拔 - 培养计划将选择后继者的主要着眼点容易放在社长等极为有限的一部分要职上。然而，在环境急剧变化的今日，该要职所要求的职务内容在就任时已发生变化，会引起后继者不称职的后果。

作为防止这种情况出现的手段，有一个办法，就是预先聚集几位有潜力的人才并储备起来。但是，仅仅根据潜在能力选拔出来并储备的话，如果不给恰当的机会，有时也会陷入不出成果的事态。为避开这个陷阱，提高后继者选拔 - 培养计划的效果，有必要注意以下4点：

• 重视业绩：给有潜力的人以适合的舞台，旨在使其在所有的职位上取得期望那样的成果。认为不能过于相信潜在能力，对有业绩相伴的人，才能期待他将来的成长。

• 不要让补给线中断：不是在一部分职位上，而是在所有职位上，确实沿着补给线培养候选人。提前这样做的话，在寻找 CEO 之际，也能够发现不止一个经历过所有转换点的候选人。

• 深刻理解补给线：不仅要明确各职位所要求的技巧，还要明确业务时间分配和职务意识，借此我们可以判断谁适合哪个职位。

• 同时具有短期的视角和长远的目光：培养后继者，仅仅考虑目前的必要性是没什么意义的，仅仅为将来积攒情报也不充分。有必要在支撑现在的业务的同时，将眼光投向未来以推进领导的培养。

这样，领导力补给线模型根底的思想，就不是站在“适者生存”而是站在“适者开发”的立场上，从符合每个人特点的培训开始，有效地进行成为领导力开发“触媒”的培养投资，提高培养所有层级领导的步伐。

四、企业内大学

企业内大学是将有组织的领导力开发机制在全公司予以体系化的产物。在企业内大学的发祥地美国，领导力开发讲座开其端绪的诸种措施，都在企业内的所有教育活动体系中被定位，企业内大学作为努力统合根据战略目标、选定学习内容的平台而不断进化。领导力不是天生的资质，而是可以通过体系和系统的教育开发的。企业内大学可以说是站在这一前提下，建立起快速、大量地“生产”支撑本公司经营的装置的机制。

实际上，企业不同，企业内大学的内容也千差万别，既有麦当劳的汉堡大学那样的以使规模经济运转为教育目的的大学，也有摩托罗拉的摩托罗拉大学那样的集从蓝领工人的职业培训到高级管理人员领导力开发于一身的、涵盖全产业链的教育内容的综合性大学。

企业内大学这一概念，是以摩托罗拉于1988年荣获第1届马尔克姆·波多里奇美国国家质量奖的次年，摩托罗拉研修教育中心更名为摩托罗拉大学为契机，开始受到人们瞩目的。

诸多企业的企业内大学，以在组织内各个层级上强化领导力为主要着眼点。企业内大学这个做法的意义大而化之有3个：价值观和战略课题的移植 - 共有 - 浸染；培养下一代领导；形成合作平台。

（一）价值观和战略课题的移植 – 共有 – 浸染

关于全公司的目标，首脑和各级领导直接对话，加深对其意图和战略优先顺序的理解，促进其在各自的工作岗位彻底实行战略。诸多企业内大学奉为圭臬的 GE 克罗敦大楼研修目标，与其说是在于新技术或技巧的培训，不如说是在于让受训者共同拥有组织的方针和使命，并使战略课题浸染到公司每个人心里。和其他公司相比，GE将此点也做到了极致，在克罗敦大楼实施的仅仅是经理发展课程、业务经理课程、行政人员发展课程3个层级的领导力研修，将其他的技能教育和知识教育100%委托给工作现场或区域培训中心。

GM公司的GM大学附属的“GMU领导力学院”，也在同样的层级谋求企业文化和战略课题的共有化。

曾领导美国运通、雷诺兹·纳贝斯克和IBM等公司企业改革的路易斯·郭士纳，也曾为破坏既有的价值观而利用过教育。1979年，郭士纳受命担纲运通公司的TRS部门[①]，为了使诸如“不要畏惧风险”“发挥企业家精神”等与之前价值观正相反的价值观在组织内扎根，导入了TRS毕业管理计划。这个计划召集潜力巨大的年轻员工进行单独的培训，旨在通过使之与最高领导交流的形式鼓舞他们的自觉和热情，最终效果良好，催生了购物、保护、周转和可兑换29种货币等服务，对业绩的改善贡献良多。

（二）培养下一代领导

正如前面叙述的那样，在领导力开发中，应对挑战的经历是必不可少的。在环境变化剧烈的今日状况下，也有企业把大胆转变战略的变革计划放在企业内大学里启动，委托领导预备军进行试行运作。也就是说，其目的是一箭双雕，既实施了变革计划，也给领导预备军提供了对成为

① 旅游相关服务部，实际上是世界上最大的旅行社之一。——译者注

领导来说必须经历的应对挑战的考验。

在雀巢公司的培训中心，从全世界的23万员工中选拔的2000人汇聚一堂，在接受最高领导熏陶的同时，努力进行试行运作。

在诺华国际公司，试行运作的结果是每年大约有30到40个项目可以现实启动。

在 GM 的 GMU 领导力学院中另行设置的全球任务组项目，将该公司最高企业战略委员会决定的战略课题，给予由7到8个中层管理人员组成的团队，通过试行运作来探讨解决方案。

（三）形成合作平台

第3点是促进跨越组织内壁垒的合作。负责世界各地各业务、各机能的具有真实连接点的场所，作为促进打破业务部门间壁垒、机能和地域间壁垒的合作、多种构想的新结合引起革新的触媒而起作用。

在华特·迪斯尼公司，有一个叫作“迪斯尼空间”的公司内各工种交流培训。这是一个旨在使参加者对迪斯尼有个整体了解的项目，来自世界各地的各个业务部门的高级管理人员汇聚一堂，项目历时8天。

参观内容包括影视娱乐、消费产品、主题公园和广播4大领域，项目参加者从早7点到晚11点在迪斯尼内的角角落落学习对待在游乐园玩累了的孩子的接待方法、制作动画片和商品执照。在此过程中，研修成员会对数万迪斯尼员工的工作风貌油然而生敬意，成员间也会产生强烈的依赖感和一体感。这会成为以后业务间合作的基石。

为了与战略目标一致的最高领导反复对话，通过试行运作有意识地给予严峻考验的机会和通过公司内跨部门的相互激发为触媒，可以促进参加者作为领导的成长。这与上述的马克尔模型相符合。在企业内大学的领导力计划中，重点置于价值观和战略课题的共有和浸透，而不是置于新知识和技巧的灌输，是因为它不是简单的培训，而是被定位为制造领导的装置。

在企业内大学，也有将其作为更有活力的组织变革的推进装置的例子。以得克萨斯州首府奥斯汀为本部的三部曲软件公司的TU（三部曲大学），作为其中的一个例子受到瞩目。

该公司成立于1989年，成长迅速，1995年由其创始人兼CEO乔·李曼德创设了TU。新入职的员工在TU接受为时12周的研修后，作为新鲜血液被决定配属到哪个部门。参加者一定会属于一个20人左右的分部，各分部都由老员工担任领导。另外，并不是同一岗位的人固定地分配到一个分部，而是采用各个不同领域的人混编制，在TU的培训结束后，也能和分散在各职场的伙伴构成网络，并灵活运用到业务中。也有和以最高领导为首的经营干部对话的机会，起到了将该公司重视的价值观和对变革的强烈期待传达给新人的作用。

研修中也有这样的计划，分为3到5人的小组，分别根据自己的想法思考商业模式，并提出对产品研发和市场营销的方案。对其中优秀的提案，给予实际上的预算。15%左右的提案坚持到了最后，其中也有产生1亿美元营业成果的项目，作为该公司的研发引擎起了很大作用。

TU超越普通研修维度的地方，在于它是促进全公司鼎新变革的原动力。一般公司的新人研修是以让新入职员工适应既存的组织为目的，该公司却视其为“变革公司的机会”。2000年，发生了对该公司组织有巨大冲击的特殊事例，现有员工1000人的组织，迎来了450名新员工。新入职员工在接受现有组织洗礼前的3个月间，最高领导李曼德直接传达自己的信念，通过将受到感化的他们送到职场，旨在使该公司本来就具有的重视创造性和革新性的组织文化得到维持和加强。

TU还作为领导力开发的装置在起着作用。以李曼德为首的经营干部们痛感有必要传达他们的想法，通过反复对话的机会，将自己对教育的观点明确化。不仅仅是经营干部们在煞费苦心，对被任命为分部领导的老员工们来说，在最高领导的注视之下，费尽心力地激发部下（新入职员工）的干劲、进行恰当地指导、评价工作表现以及传达愿景和战略的经历，也成了开发领导力的机会。一边接触李曼德的新愿景，一边作为其传道士的过程，促进了他们从一名普通老员工向一名变革者的成长。

前面引用的《领导力引擎》一书的作者蒂奇，注目于此点，高度评价了TU作为产生企业活力源泉的装置所起的作用。

专栏：日本企业的企业内大学

在2000年以后的日本，设立企业内大学的动向开始正式出现。在讴歌泡沫经济的20世纪80年代，为扩充研修设施的投资盛极一时，但20世纪90年代泡沫经济崩溃以后，要求企业削减预算的压力加大，有缩小、关闭或出售研修设施惨痛经历的企业也不乏其例。

与此同时，对研修内容的根本修正也开始了，在此过程中，一部分企业开始建立为培养选拔型的下一代领导的机制。进入21世纪，作为体系性建立培养此类领导的动向，索尼、丰田汽车和富士通等大企业模仿美国先进企业的动向，相继设立了企业内大学。

日本企业的企业内大学，大体来讲可以分为两类。一类是以培养下一代领导为主要目的，它旨在通过研修培养战略构筑力和领导力这些对下一代商务领袖来说必备的能力和视野，与此同时构筑将来的干部候选人网络。佳能、索尼和理光等企业建立的此类大学，是以GE的克罗敦大楼为楷模的。

另一类企业内大学则是以提高全体员工的能力为主要目的，采取的形式是，准备为掌握关于业务的知识和专业技术、技巧的成体系的“菜单”。它们都以美国的施乐、迪斯尼和摩托罗拉等公司为样板，在日本，柯尼卡、全日空和森永乳业等公司的企业内大学就属于这个类型。

近年来受到注目的动向是，企业内大学成为集培养下一代领导和担负经营理念传承两大任务于一身的推进装置。

例如，流通业的大企业永旺，在2012年设立了永旺DNA传承大学。其目的被宣传为“将从创业时被继承至今的永旺DNA传给下一代，培育企业家精神旺盛的集团经营人才”。丰田汽车则以丰田学院为首，包括21世纪头几年设立的企业内大学，有将重心转移到本企业精神的传承上的倾向，不仅仅灌输知识和技巧，而是整备了为如果根植在该公司就应该重视的思想和思考方法的成体系的课程。

我们还可以看到最高领导参与的热情。在软银，除了面向员工的教育机关软银企业内大学，还在2010年设立了以挖掘、培养和寻找社长孙正义的继承人为目的的软银研讨班，不仅从公司内也从公司外募集人才。

便利店的大企业罗森，在2008年设立了统合总部员工培训和加盟店培训的罗森大学。作为核心培训项目的下一代干部研修，由担任校长的新浪刚始社长亲自主持。

优衣库的优衣库管理和创新中心也在会长兼社长柳井正的关心下于2009年成立。把总部设于东京、纽约和巴黎，与各地的大学和研究生院合作，设想在5年内培养200名经营干部。目标不仅仅是教室内的课堂学习，而是把工作现场全部作为教学场所，干部候选人是学生的同时也担任老师角色，被期待互相教授经营的本质。

“此后，我要把公司建成这样的企业，在本集团所属的全球所有企业中，每天都有来自不同地方的经营干部，相互之间进行百般挑剔的对话，时而与最熟悉先进经营的大学和研究生院的老师们探讨。（中略）我想建立世界上无论怎样的优秀企业都无法建成的最高水平的教育机关……”（柳井正《为成功争分夺秒》）

迄今为止，构筑企业内大学这一体制的日本企业为数不少，但是如果以最高领导的参与为标准，尤其是从把自己的时间优先安排给教学这一观点来看，企业的情况则千差万别。从上述的动向，我们期待在日本的企业中也涌现出为数众多的真正“能够执教的经营者”。

五、总结

尽管关于领导力开发的思考方法在某种程度上得以确立，但与之并行的此类领导力开发活动在企业中是如何机制化、制度化地实行，却成为一个巨大的课题。

正如马克尔指出的那样，在领导力开发中，各企业有必要基于自己的战略，将经历和触媒有机地结合起来。领导力引擎这一概念，是领导通过培养下一代领导的活动，将经验学习的循环在组织上反复运转的过程，显示了领导培养力本身会成为企业竞争力的道理。

另一方面，领导力补给线是通过在组织内整备作为触媒的支持系统，最大限度地提高培养领导步伐的机制。

作为将所有这一切体系化的综合性平台，产生企业内大学这一做法。在日本，各企业出于各自的目的，以种种变形的方式引进、改良了这一做法。

关键词

- 领导力开发框架（经验、战略、触媒）：摩根 · 马克尔。
- 领导力引擎：诺尔 · 蒂奇。
- 领导力补给线模型。
- 企业内大学。

进化中的领导力开发

案例

出发去美国短期留学的日子日益临近，工藤俊一的内心复杂，期待与不安的感觉混在一起。他就职于钢铁制造商昭和制铁，该企业有这样一个制度，对于工作满15年的员工，可以进行以提高自己工作上思路为目的的长期休假，公司发放补助金。他利用这个制度，申请了美国商校主办的为期6周的短期领导培养项目，他的申请被通过了。在公司内，申请这一项目的人，工藤是第一个。

他一方面意气风发："会获得什么样的经验呢？因为是个难得的机会，不管是什么都要挑战吸收过来。"但转念一想，在同一个商校取得MBA，全日制学生需要2年时间，短时期的项目会取得何种程度的效果呢？心里就又觉得不安起来。

大学时代的友人为纠结中的工藤举办了送行会。来的人中有一位保坂美穗，她在外资的大企业工作。交谈之中，工藤得知她在单位的研修中曾经接受过全球级别的领导培养项目的课程。而且，项目的课程内容是工藤即将去的那个商校监修的。她看出工藤心中的疑惑，就关于那个项目，谈了下面的感想：

“课程内容确实新鲜、刺激。商校教授进行的案例讨论，令人非常激动，和日本大学的授课完全不同。在那里提示的概念和与来自各个国家的同事们的讨论，给我留下了很深的印象。”

“原来如此。那，我也很期待去体会一番啊。”

“不过，说到回到日本在那里学到的东西能否应用到日常的业务中的问题，却不能说一定能用上。确实有振奋精神、产生‘我也来做’想法的效果，但在实践中是否起作用，坦白地说，我不知道。”

其后从她的话里也听到了种种新鲜的事，诸如来自世界各地的参加者济济一堂，用英语讨论最新的概念和企业案例等，但工藤认为结果还是从老师那里学习新的视角和思考方法，和日本没什么两样。乍一看貌似先进的配合，也许难以取得实效。

两人正谈得兴起，石本洋加入了谈话，这个石本就职于人事方面的咨询公司，曾为许多企业做过研修方案。也许是没有任何隔阂的关系吧，石本说的话讽刺意味十足。

“因为工作的关系，我去看过很多企业，多在议论‘对我们公司来说，所谓好的领导是什么样的’，虽然说他们明白这个问题的答案，但这样的领导会自然出现这一点，首先是不可能的。怎样做才能产生这样的领导，是个非常难的问题。对于说‘我们公司寻找的领导就是这样的人物’的公司，你观察它的部长以上的干部，就会发现，既有确实出色的、值得尊敬的人，也有让人发出这个人咋会成为部长疑问的人。”

“嗯，我们那里也是如此，不能说没有这种情况。”

“我们公司也是。虽说是全球企业，情况也许是一样的。不过，有点不可思议啊。评价不太好的人，随着职位的上升，会被自然淘汰吧。如果是这样的话，不管哪个公司，一定职位以上，就只剩下体面的人物也就没什么可以奇怪的了。”

“不对，企业中大抵是比较像领导的人成了领导吧。然而，事实却未必如此。有虽然部下的评价很差但却因确实留下了业绩而被提拔的人，也有和这个相反的类型，也就是确实深孚众望，但却没什么可以称为业绩的东西的人。声望和业绩两方面兼具的人，确实难得啊。”

和朋友们进行了长时间的推心置腹的谈话，工藤对留学的不安消除了，心情重新愉快起来。

诚然，如果真有能简单地成为领导的魔法，谁也不用去努力了。在这次的培训项目中，设定一个适合自己的目标，为实现它而全力以赴，如果有预想以外的收获，那就算是自己赚的——工藤开始这样想了。

心神安定下来以后，新的疑问又涌上脑际。按照自己目前的中层管理人员的水准的话，这次的培训项目也许有益。不过，对优秀的经营者或者将来也许要成为经营者的候选人，怎样进行培训好呢？

工藤一向对昭和制铁的富冈社长怀有敬意。总感觉和他在哪里有层次上的差异。怎样做能够具有超越合理判断、进行大胆决断的能力呢？超越私欲的利他姿态，是如何掌握的呢？工藤想起了“经营者只培养经营者”这句话。

发掘有希望的人才，给予其刺激，促使其作为领导的成长，这是领导力开发的一般做法。在此之上有更胜一筹的革新性方法吗?

理论

领导力开发的想法和做法历经变迁，已如前述，今后其重要性也会渐渐增大吧。在开发的内容上，有不仅仅局限于作为管理人员的商务执行力，而是发展为包括教养和人文学科的更为综合性的内容的可能性，而且，在其开发方法上，已开始尝试新形式的徒弟制。这里想先叙述其今后发展的方向性。

一、领导力开发的发展方向

到上一节为止，我们论述了领导力开发论诞生的前世今生、其组织的实践事例及构成其基础的想法。日本企业中培养领导的机制，也以反映其动向的形式发展起来。那么，领导力开发，今后会向哪个方向发展呢？这里想介绍在思考领导力开发进展之时的几个着眼点。

前面介绍过的CCL提出了显示其如此进化的可能性的报告。报告中是否有实际上有效的机制另当别论，但它提示了4个变化作为思想基础（图表3-9）。

图表 3-9 领导力开发的 4 个变化

迄今为止的焦点	此后的焦点
何谓领导力	何谓领导力 + 如何开发
水平的开发	水平的 + 垂直的开发
HR/ 公司主导的开发	个人主导的开发
每个个人的领导力	集体的领导力

出处：顾彼思根据 Nick Petrie, *Future Trends in Leadership Development*, CCL White Paper 加工制成。

第1个变化是，视点不再局限于“何谓领导力”，“如何开发领导力”开始受到重视。这是我们到现在已经叙述过的趋势，但变得更加显著。

第2个变化是，不仅要求水平的开发，也开始要求垂直的开发。就像我们后面将要叙述的一样，与其说是要求扩大知识和技巧的广度，不如说是追求更高意识层次的成长。

第3个变化是，领导力开发的所有权从组织向个人转移。人成长最快的时候本来是与本人的意愿合拍的时候，但迄今为止，对于以领导力开发为目的的行动，不少是由组织掌握着主导权的。支援追随自己的成长意愿而行动的人，应是我们本来的姿态。

第4个变化是，不是作为个人能力而是作为集团功能来把握领导力，也找出了其开发方法的新可能这一趋势。在这里不是问“谁是领导”这样的问题，而是开始思考“在人与人的联系中培养领导力，何种条件是必要的”“在组织全体中扩展领导力能力，将领导力民主化，如何行事为宜”这样的问题。

第1和第3点是我们此前已经见过的倾向，无须进一步说明。下面我们只考察向垂直的开发变化和向集团领导力变化。

二、从水平开发到垂直开发

此后领导力开发进展的一个方向，就是不仅仅是水平开发，而是更重视垂直开发。

迄今为止，像领导力补给线那样，在把组织中等级的上升过程把握为作为领导的成长的情况下，重视的是克服转换点能力的水平开发。例如，让研发专业的人也体验市场和销售，通过学习财务技巧不仅能进行定性的议论还能基于统计数字进行定量分析等，致力于在水平方向上扩展技术的范围。

但是，不仅有这样的水平开发，还有从更高的视野把握世界、把自己的心理向更深的层次挖掘这样的垂直开发。这种想法，不是扩大防御的范围，而是更重视提高维度。

在更高的阶段，更被要求的是“大器”（bigger mind）。有时要求必须同时拥有相互矛盾的意识；有时为了获取经营责任者的地位与权势，要求放弃必要的自我。非常雄辩且“大声音”发挥领导力的人，也有必要成为“好的听众”。

一般来说，用攻击的做法行使权力，坐上最高领导宝座的经营者不在少数。然而，一旦成为最高领导，不根据情况采取克制的态度的话，其力量无法发挥作用。即使掌握着最后的裁决权，真正的领导，为了达成某种目的，也不会挥舞权力的大棒。董事会成员的意见自不待言，他会听取包括部下在内的种种人的意见，而且虚怀若谷。唯我独尊的强力的领导质问每一个人，却几乎对他们的回答置若罔闻，结果只能是自取灭亡。

三、意识的发展阶段说

这不是作为交流技巧有必要具有弹性这样的话题，和技巧相比，毋宁说意识方面的成长更为重要。发展心理学学者、哈佛大学教育学院教授罗伯特·凯根认为人有5个意识发展阶段（请参照他与丽萨·拉斯科·莱希合著的《为何变革这样难》）。

• 第1阶段：冲动的。一般认为相当于到6岁左右的幼儿期（Impulsive Mind）。

• 第2阶段：到了青春期前后，现实地理解现象的阶段（Instrumental Mind）。

• 第3阶段：想要与周边的人的期待相符合。强烈地受到周边的人会怎样看的影响（Socialized Mind）。

• 第4阶段：具有自己内心应该遵从的指针的阶段。根据植于内心的信条或价值观等内心的声音，约束自己（Self-authoring Mind）。

• 第5阶段：在拥有自己的价值标准的同时，将其相对化、解构的阶段。对自己构筑的一切不再执着，能够超越自我、自由地委身于大的潮流（Self-transforming Mind）。

一般来说，到达从第2阶段往上的发展阶段就算成人了，但能达到后两阶段的人很少。

伊藤忠商事的董事长、后来也担任过日本驻华大使的丹羽宇一郎，有和这种意识的发展相连的逆境经历。在丹羽常驻纽约的时候，从初春开始雨水稀少，他就预想会有旱灾，大豆的行情会上涨，于是就大量购进黄豆。然而，由于其后有了降雨，美国农业部对收成的估计变为“大丰收”，丹羽因此蒙受巨额损失：“尽管我是无神论者，却也感叹我如此拼命，神佛也不保佑我啊。”然而，在此之后，丹羽继续玩命收集情报，最后也不放弃行情反弹的可能性。结果，天气再次变化，行情急剧上涨，损失一扫而空，还出现了盈利，尽管数量不多。据说，那时他曾对一度憎恨的神明表示感谢：

“在艰难的状况下，也不自暴自弃而是精力充沛地努力的人，神明可鉴。自以为聪明而投机取巧或是包藏祸心，神也在看。”这是他真实感受的事。丹羽说：“如果承认这一点，不顾一切地向前推进工作，人生也会变得一片光明。”（古野庸一、利库路德著作研究所编《日本型领导的研究》）

对超越人类智慧的存在要怀有敬畏之心。构成松下电器的创立者松下幸之助的经营哲学基础的，也是这个以人无法抵抗的天理的存在为前提的人类观。“宇宙万物，常生永变……宇宙发展，生生不息，蕴藏伟力。天赋万物，各有其本。人类君临，开发伟力，洞察物本，为我活用。繁荣真境，物心一如，庶几可达。”（松下幸之助《思考人类》）。可以认为，被称为“经营之神”的松下幸之助，其意识的维度也达到了超越自我、和大的潮流浑然一体的境界。

在上述那样的垂直领导力开发之中，有必要采取和水平方向开发迥然有异的方法。水平方向开发是例如可以由各个领域的专家“教授”知识和见解，而在垂直方向开发中，自己学习比什么都重要。因此之故，以下的条件就被视为必要。

- 不满足于所处状态，无论如何想对两难之境或挑战做些什么。
- 为此感到现在自己的想法有瓶颈。
- 这成了自己人生中的重大关心所在。
- 面向不安和挑战有充分的支持。

在现阶段力量还不够的瓶颈感，会成为走向下一个发展阶段的原动力，也可以称为每个人都具有的对成长的渴望感。面对更为复杂而困难的课题，以自己现有的知识和见解无法处理之时，就会成为被强拉硬拽到下一个阶段的机会。经过像丹羽在伊藤忠商事经历过的想到超出人类智慧的存在那样的场面，人的意识就会得以进化。

一桥大学名誉教授野中郁次郎等人的研究团队，注目于作为超越个体与更大的格局相连的更高程度的“实践的领导力”的资质——“贤虑”（野中郁次郎、竹内弘高《远见卓识的领导》）。贤虑意味着慎重地实践（prudence）和实践的智慧（practical wisdom），是能在个别具体的场合把握本质，为了全体的善而选择最佳行动进行实践的智慧。一般认为，这个贤虑不是生而有之的资质，是高明的沉默智慧，靠高质量的经验和先贤的熏陶始能被传授和养成。

作为在垂直方向上提高意识的发展阶段的方法，有几个尝试。例如，一桥大学大学院国际企业战略研究科，自2008年以来召集日本企业的经营干部候选人30人，举办为期15个月的知识论坛，这个野中也参与的培养领导项目就是其中之一。论坛被认为是为商务领袖提高人格、构筑诚实之“场”。其特色是，邀请哲学、历史、文学、政治学、军事战略和经济学等领域的顶尖专家，让学员们学习最新的研究内容和人生感悟，加深对人文学科的理解。而该大学院的教员充当导师，把每个学员分进各个辅导小组。

在这里引人注目的是师傅和弟子一对一学习的“徒弟制”和促进人格方面涵养的人文学科。

四、徒弟制方法

作为促进自己“学习掌握”高水平技巧的培养方法，可以举出在匠人和传统艺能世界里被实践的技能传承方法论——徒弟制。

弟子在与师傅同食共寝之中学习掌握师傅之技的方法，也可以被应用到商务领袖的培养上。例如，商校的学生有“影子”这个工作，在一定期间内，与在职的经营者如影随形。一起出席会议，一起前往拜访客户。一天到晚都在一起，通过观察领导的语言和行动，下达指示的方法和时间的使用方法这些表面上眼睛看得见的行为自不待言，还要学习掌握在其根底的判断标准和思考方法。作为企业内工作轮换的一环，可以说让干部候选人当社长秘书也是同样的方法。

曾参与 GE 的领导培养的拉姆·查兰认为，将徒弟制方法予以进一步体系化，在培养真正的经营者方面是有效的，其步骤包括尽早发现有领导资质的人才，有意识地赋予其有挑战性的机会，进行一对一的教导培训。

“徒弟是通过实践学习之人。练习、反馈、修正，然后还是练习。对有培养价值的人才，以其本人能够接受的最快速度给予适合其每个人的工作机会。明确在新工作中应该学习什么，确认其确实掌握了此项技能后，就让他进入下一个阶段。”（拉姆·查兰《培育 CEO》）

他所提倡的徒弟制度模型，由“同心圆学习”和“有意识练习”两个基本概念构成。让有前途的领导的职业生涯在同心圆上形成扩张，是同心圆学习的构想。越到外侧，工作的领域和难度也随之增加。最内侧的圆，是在最初的管理职位上掌握的基础核心能力。即使下一个工作范围更广、困难更大，只要领导自身具有和试炼相应的能力，将他的核心能力巧妙地应用于新的状况，扩大自己的能力，就能应对更为广泛和困难的工作。

因此人们认为，和运动与艺术的能力开发一样，领导力也可以通过长期的、有意识的练习累积予以开发，这就是有意识练习被采用的原因。对经营者来说必要的能力，可以通过反复与努力、有建设性且具体而及时的反馈、接受并改正的意志来养成。通过有意识地反复练习，就能做到下意识地、直觉地进行特定的反应。这构成了在成功的领导身上能够看到的一流判断力的根底。

常年观察 GE 和杰克 · 韦尔奇的查兰说，韦尔奇也是通过同心圆学习和有意识地练习来打磨管理技巧的。

韦尔奇在十几岁当曲棍球选手的时候，就掌握了给其他成员以反馈和建议的技巧。在 GE 的塑料部门初次走上领导岗位之际，他评价、培养部下的方式不仅有在办公室的面谈，还有在酒吧里聊天等非正式的交流。这样，通过对部下的培训来控制生意，就成了他的核心技巧。

韦尔奇在 GE 职位升迁过程中，即使能够应对此前没有见过的生意和状况，也要求部下直接报告目前的问题，旨在获得关于部下和生意的才华闪现和知识的练习。到他离开 GE 之日，每年至少5次反复进行的整体业务和全体管理人员评价，也可以看作为打磨“分别培养、集体总结、取得成果”这一核心技巧的“练习”机会。韦尔奇能够成为卓尔不群的教练和导师，都是托这些有意识练习之福。

五、人文学科的重要性

作为促进人格涵养、增强意识的方法，有不少人推荐学习人文学科。从2005年到2009年担任东芝最高领导的西田厚总，从自身作为最高责任人的经营经验出发，是一位强调学习人文学科重要性的经营者。西田曾在东京大学研究生院学习西方政治思想史。通过学习人文学科，据说能培养面向没有标准答案的问题找到自己见解的“自身对话”的能力。面向古典，想象先人们生活的时代背景，通过富有同情地理解体验其思考过程，也可以锻造自己的学习态度。

富士施乐社长达30年的社长小林阳太郎，也是一位对商业领袖的人文学科教育热心的经营者。对小林来说，领导角色的模范是曾任美国施乐公司 CEO 的约瑟夫 · 威尔森。他判断冷静、极有教养、志向高远，是具有在高层次上吸引人魅力的人物。

在这个威尔森的推荐下，小林于1977年访问了总部在科罗拉多的阿斯本研究所。在那里，以冷静著称的经营者们，自然地谈起亚里士多德和柏拉图，也就别国的领导人发表议论。据说小林心里想“日本的经营者中能做到这一点的人到底有几个”被彻底折服了。事前精读过数百页古典的经营者们，以广阔的视野谈论世界大事，认真思考作为人的应有之姿。这一景象给了小林巨大的冲击，此后他想在日本国内也设立能够进行这样学习的场所，为日本阿斯本研究所的建立竭精弹力，现在他是该所的理事长。

“我想把它建成这样的场所：专家既不被自己各自的专业所局限，也不会忽视社会、人的生存方式以及整体情况，还要为把自己获得的技术知识提高成人类的智慧而打磨自己。”（《日本型领导的研究》）

增强意识和自觉地提高自己“作为人应有之姿”的标准没有止境。垂直开发的发展余地依然大可期待。

六、向集体领导力的转化

过去50年间的领导力开发的思路，是以个人能力为焦点的。也就是说它考虑的是如何培养能够分析理解所处的状况、提示问题的解决办法并使人们动起来的领导。但是，这个构想本身开始受到质疑。我们所处的环境日渐复杂，不用说解决方法，就是“问题”是什么都没人能说得清楚的状况也变得并不罕见。对这个我们看不到解答的课题，具有不同利益、形色各异的“持股者”的协调行动成为必要。

有鉴于此，就要求领导力能够管理多种形态的力量并使之相互配合，巧妙地发挥影响力。在这样的局面中，就有一种观点认为，造成集团向希望的方向努力的状况比发挥一个人的领导力更为重要，这就要求相互联系中的各种各样的人以各种各样的形式发挥领导力。

2010年末，突尼斯爆发暴动，以此为起点，中东地区的长期独裁政权相继倒台，这就是“阿拉伯之春”。这未必是某个特定个人煽动的结果，而是通过推特等社交网络平台，人们相互号召而起的事件。参加革命运动的年轻人中并没有相当于领袖的人物，领导力以在整个网络中扩散的形式存在。

从这样的时代背景中，出现了这样的观点，它不把领导力的概念作为个人及个人的作用来把握，而把它作为所谓与个人无关的过程把握。例如，哈佛大学行政研究生院的罗纳尔多·海菲茨就将领导力定义为“使人们能够面向严峻挑战的过程”。其特征是不以组织层级中的地位和权威为附带条件，而把领导力作为过程来把握这一点。谁当领导已不再重要，思考的焦点已转移到在系统和网络中怎样做才能产生领导力上来。麻省理工学院的奥托·夏马提倡的U理论就是这样的新思考之一，它探讨了社会网络产生的连锁反应成为解决社会问题有效方式的可能性。

注目于追随者，在领导与追随者的互惠关系中寻找领导力源泉的想法也出现了，正如我们在第2章已经提到过的那样。它不是将领导与追随者的关系作为层级组织中纵向职位分别的上下关系，而是作为团队组织中横向的相互关系来把握，注目于两者共有的意义的形成过程。这让我们感觉到了领导力开发与组织开发相结合并进化的可能性。

例如，让我们来看一下某汽车关联公司市场部的例子。在这个公司中，过去一直根据产品制定世界统一的市场政策，最近采取了根据各地域特点的、更为有弹性的市场措施。此前作为领导的市场部长从产品出发来构思市场计划，尽管能说出这样做的意义，却没有从地域视角出发的想法。今后市场部作为一个整体挑战按地域划分的市场，部长本人也在摸索没有答案的新方法。

如果按照原来的看法，可以认为是部长意识到产品构思不充分，为团队规定了同时应用按地域划分市场构思的方法这一方向的“领导力”行为。但同时也可以看作，市场部作为一个集体，找到了采取两种方法的意义，理解了市场的新要求，为予以应对而开发对变化的适应能力的过程。从这个组织开发的观点来看，团队通过培育信赖、情感、开放式沟通和有效的相互作用，是与领导力开发相连的。

这样的领导力观，试图将领导力定位为领导与追随者作为团队协同动作创造出意义这一过程的中心。领导力被如此把握，它不仅仅制定共同的目标并赋予人们为此而奋斗的动机，而是为目标赋予意义或即使没有目标也要成为找出意义的基础。从这一观点来看今后的领导力开发，也许，与其说是领导个人能力的开发，不如说是领导与追随者结成一体作为团队整体而纳入组织开发的行为。

专栏：领导力开发的专门机关——CCL

CCL是非营利性的国际教育机关，以通过领导力的理解、实践和开发而贡献于世界各地的社会为使命。由维克斯化学公司创始人史密斯·理查森的财团于1970年在北卡罗来纳州的格林斯伯勒设立，现在成为世界上致力于领导力研究的最大机关之一。

每年有来自世界上1000家以上企业或团体的27000余人参加CCL的领导力开发项目。项目的设计基础是CCL独有的领导力开发模型，它由评价－测定、伴随困难的课题、支持，3个要素构成（图表3-10）。

图表3-10 CCL的ACS模型

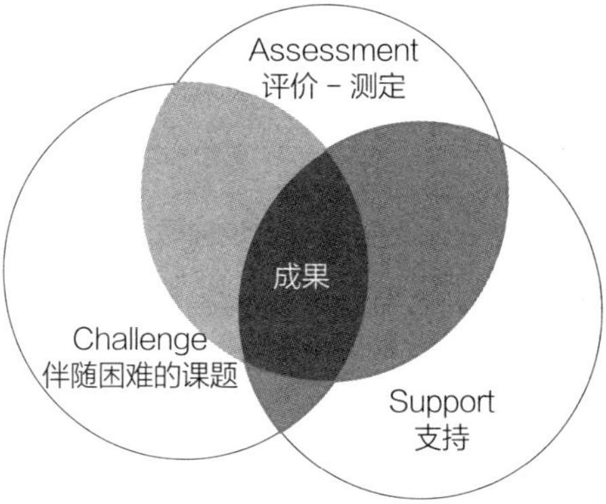

出处：*How CCL Drives Results*，The Center for Creative Leader.

我们知道，领导主要从经验中学习，但并不是所有的经验都与能力的开发等量相连。产生能力被要求伸展到极限，拥有诸多反馈和有被支持的感觉这样的状态的经验，比完全产生不了这些状态的经验，更能成为促进各种领导力开发的刺激要素。如果某种经验有评价-测定、挑战、支持的要素，将其作成研修项目，用于实际的业务分配，该经验就能够成为更丰富的能力开发机会。

依靠评价 - 测定，一个人就能够了解自身所处状况、自己当下的强项，目前的表现和领导力水平以及在哪一点上有能力开发的必要。评价 - 测定的数据中，既有自己评价 - 测定的，也有来自他人的。既有业绩评价、客户评价、360度评价和员工满意度调查那样正式的评价 - 测定，也有观察来自同事的日常反馈、他人对自己行为的反应那样通过不那么结构化的过程而得来的非正式的评价 - 测定。

从能力开发的观点来看，最好的经验在使人发挥潜能、伴随困难的挑战之中。人通过积累富有挑战性的经验，无论如何都会感觉到走出对自己来说待着舒服的领域、学习新的强项的必要性。

所谓直面挑战就是直面要求超出自己当下的水平和能力的状况之际、状况复杂看不到前途之际、对立的部门使自己遭受夹板气之际等陷入自己不想有瓜葛的状况之际。

促进成长的经验，让人们发挥潜能，尽管潜能有强有弱，但因有支持相伴，能够维持自己有克服挑战的力量这一正能量的姿态。支持不仅仅来自上司、工作伙伴、家族、朋友、教练和导师，组织文化、制度和机制也会成为支持源泉。

对能力开发有理解的组织认为学习提供资源、对学习的人予以肯定和奖励、活跃的反馈以及跨部门的情报共享等也是企业文化的一部分。

CCL 的领导力开发项目，尽管准备了为数众多的应变预案，但基本设计是相同的，由上述评价 - 测定、挑战、支持3要素构成。在评价 - 测定中，不仅包括培训前在职场的360度评价和 MBTI 那样的自我诊断观察，也包括评价人员对研修中的工作的观察。而挑战环节呢，则是在再现真实商务情景的模拟试验和案例中，准备了让学员在有限的时间内根据有限的情报做出决策，与有利害冲突的人谈判这样的模拟体验机会。至于支持呢，除了能与担任教练的人员自由交流外，还有让学员能够放心大胆地展示自己的环境方面的支持，那就是彻底履行保密义务，研修中的情况和观察的结果等甚至对学员的派遣单位也保密。

最有特色的一点是，大部分时间用于反馈。职务实习教育训练和小组讨论等学员间的反馈自不待言，还以三比一的标准为学员配备了专业评价人员，可以说是对一对一的反馈和指导投入了相当时间的设计。

例如，在北卡罗来纳州的CCL总部举办的“零起步开放式入学项目”中，定员24人的课程，会配备8名评价人员，他们用反光镜能从其他房间看到学员们研修的情况。评价人员多是具有心理学或交流领域博士学位的专家，他们以从过去的参加者收集来的庞大数据和研究为基础，将从行为科学的分析推导出来的评价，直接反馈给学员。学员们接收其反馈，仔细进行自我反省的时间也得到充分保证，课程还为学员们提供亲眼看到平时繁忙的商业领袖的机会。

CCL的领导力开发项目，是以庞大的实证数据为支撑的，是基于科学方法而设计的。它在世界上得到了高度评价，连续10年入选《金融时报》管理教育栏目的“十佳项目”（截至2013年）。

七、总结

作为今后领导力开发的方向，有两大潮流值得关注。一个潮流是，过去注重扩展知识和技能的水平开发，现在变为让位于通过哲学和伦理观等人文修养的涵养来谋求意识向更高层次发展的垂直开发。另一个潮流是，过去以某个个人为焦点的旨在加强其能力的方法，变为不以个人为焦点、注目于解决问题和找出意义的过程的集体领导力开发。

前一个潮流，可以举出徒弟制方法和导入人文学科等例子，可以说一部分是和过去被称为“帝王学”的学问有相通之处，都是针对一小撮顶级候选人进行的训练。关于后一个潮流，人们对近年来受到瞩目的“U 理论”的可能性寄予厚望。不管哪一个潮流，如何能够作为可以重复的某种方法论得到体系化都是今后的课题吧。

关键词

- 垂直开发。
- 集体的领导力。
- 意识的发展阶段：罗伯特 · 凯根。
- 有远见卓识的领导：野中郁次郎。
- 徒弟制方法：拉姆 · 查兰。

第 2 部

实·践·篇

第4章

打磨领导力

第4章的概要与结构

一、概要

关于商业中的领导力究竟是什么以及这样的领导力是怎样被开发出来的，第1部已经梳理了其理论的变迁及其最近的动向。而从本章开始，本书则将大胆地转换视角和体裁，旨在向大家介绍关于Off-JT（职业外培训）的领导力开发实际用怎样的思考过程进行的几个例子。

在此要介绍的是在顾彼思所提供的领导力开发程序中的某个场景中，基于讲师和听课的人之间的真实谈话，并架空个人设定重新组合而成的谈话。

目前社会上正进行着很多领导力开发研修，这些研修各有其特征。笔者们并不主张在此介绍的方法才是唯一的、最好的，而是想要在此事先声明，在此介绍的方法说到底也只不过是众多方法中的一个例子罢了。此外，在这种对话形式的探讨中，将所探讨的事情作为自己的事情去认真思考的临场感和紧迫感是重要的要素，因此能够在纸面上再现的也只不过是从中截取下来的一部分。虽然如此，但这些谈话仍然是顾彼思在以很多客户企业为对象进行的谈话中，一边反映为数众多的讲师和听课人的呼声，一边打磨而成的东西，在听课的各位后备领导者那里也得到了很高的评价。因此我们有自信这些谈话在各位读者这里也能够有足够的参考意义。

以下各节采用在开头事例部分再现课堂上的真实谈话，之后再讲解讲师的意图和背景这样的结构。我们希望读者面对引导着课堂的讲师的提问，一边思考着“如果是我的话会怎样回答”一边接着往下读。通过这样的读法，读者能够体会到和真正在课堂上差不多的感觉。我们尤其强烈推荐读者在👤的部分（如“各位读者也请试着思考”）暂停阅读，试着将该部分作为“我的事情”加以思考。

二、要点

（一）描绘想要成为的样子

为了磨炼领导力，出发点是描绘自己想要成为的领导者的样子。这不仅仅是今后的行动指南，对于通过与他人的比较，注意自己的领导者观念中是否有不足之处、想要达到的水准是否合适亦有意义。

（二）客观看待现在的自己

接下来要知道客观地评价自己的现状究竟是怎样的。不仅是通过他人的360度评价，通过自我内省也很重要。此外，试着将自己看重的价值观转化为语言也对今后的学习有所帮助。

（三）填补差距

填补目前为止已经清晰了的、想要成为的样子和现状之间的差距，有 OJT 和 Off-JT 这两个方法。在 OJT 中，专注于出成果、积累成功体验，且不忘从积极的侧面评价、培育自我效能，对于克服困难是有用的。

描绘想要成为的样子

案例

一、情况设定

横井创一在大学毕业后进入了当地的一家与公共基础设施相关的企业。其认真而努力的一面受到了上司的好评，在入职12年后的今年被任命为主任。尽管部下只有2人，但是为了发挥主任的作用，横井想要学习领导力，于是他决定去上商业学校的夜校。这一天的课程是思考自己想要成为的领导的形象。坐得近的听课学生每4~6人组成小组听课。

二、今天的主题

- 明确自己想要成为的领导的形象。
- 通过与他人的比较，注意到不足之处和自己重视之处。
- 通过与他人的比较，自己认识到应该具有的水平。

三、开始上课

讲师：大家晚上好。今天的课是为了让大家有“想成为的领导者”的具体形象。首先，大家关于领导者的印象是怎样的呢？请大家试着举出3个以上适合填进“所谓领导者就是某某”的例子，人名用NG代替。如果脑中浮现出某个人的话，那个人有哪些作为领导者的侧面和必要条件呢？请举出具体的点。

各位读者也请试着思考。

横井：（嗯……即使突然说要说领导者的必要条件……）

讲师：大家先回想一下自己尊敬的上司和经营者，试着思考一下你尊敬那个人的主要原因的话，这个问题也许就好回答了。

横井：（说起值得尊敬的人，首先浮现在脑海中的果然还是刚入职的时候教给我很多事情的佐佐木科长。理由是他总是热情对待当时还是新人的我、待人温柔吧。还有就是因为他常常明确地指出目的和目标，以及把各种各样的工作托付给心中尚有不安的我。还有就是……）

讲师：那么这次就请大家以组为单位，分享自己举出的领导者的必要条件。并且，从怎样的角度都行，请试着将这些必要条件分成3类。时间限制为20分钟。现在开始小组活动！

（每个组员在白板上写下自己所思考的领导人的必要条件。在组内共享了所有必要条件的基础上，一边讨论一边将其分为3类。）

讲师：那么大家是如何分类的呢？请以组为单位进行发言。

学生A：好的。我们小组将这些必要条件分成了“决定方向”“发动成员”和“出结果”3类。

横井：（原来如此。虽然我没有注意到，但说不定是重要的视角。）

讲师：A先生自己最初思考的领导者的必要条件与这3类中的哪一类相对应呢？

学生A：我的话是均匀分布在这3类之中。因为我工作的特性，以这样的过程思考事情的次数比较多。

讲师：原来如此。是用做事的顺序、过程分类的啊……最后一组，横井先生，请发言。

横井：我们组试着整理了必要条件间的因果关系，最终总结成了“行动”“能力”和“人性”3类。因为我们认为，尽管引起行动的主要原因是能力，但是如果在此基础上没有人性的话，就不能以行动给予人影响。

讲师：试着进行了小组讨论后注意到了的是什么呢？横井先生自己写下的领导者的必要条件属于以上3类中的哪一类呢？

横井：听了大家的意见，我意识到了自己没有注意到的很重要的事情。此外还注意到自己最初举出的必要条件中属于“行动”类的很多。

讲师：为什么与“行动”有关的很多呢？这之后注意到的是？

横井：这是因为我认为不行动的话就没法出结果吧。我想自己倾向于行动这一点八成也反映了性格。只是另一方面，既然自己不能进行一些本应该有的行动，如果不能进一步思考到作为其主要原因的另外2类领导者的主要条件，即能力和人性的话，就不会有进一步的发展。

讲师：很不错。刚才横井先生说了2件重要的事情。其一是领导者经常行动，另一个是如果没有相应能力和意识的话从一开始就无法行动。这就是所谓“冰山模型”（请参考第172页）。

大家举出的必要条件中，行动、能力和意识中的哪一类比较多？从中可以说明什么呢？

讲师：那么，既然大家已经将各自的“想要成为的领导者的必要条件”整理成了语言，这样就可以说大家真正应该想成为的领导者的形象就已经明确了吗？如果还有什么必须要考虑的事情的话，会是什么呢？大家举出的必要条件中被认为是必要的“程度”和“水平感”，仅凭分类的话还不够明白。

横井：但是，“程度”是不能定义的啊。比如“明确目的和目标”这一主题就很难确定程度。

讲师：将明确目的和目标说成是“彻底程度”更好吧。牢牢掌握为什么对于领导者来说“明确目的和目标”是必要的同时，在何种程度上彻底地执行它是对是否会“明确目的和目标”的深刻理解。为了实际感受它，请大家试着分别对自己举出的领导者的必要条件进行5分制的自我评价。

哪些是可以的，哪些是不行的？请试着对现状进行自我评价。

横井：（虽然也有不能做到的点。但总是能意识到的事情也很多，平均最多3分的样子吧。）

讲师：大家做完了吗？那么，请大家先把刚刚做的自我评价的结果暂且横放。先一起讨论这里的几个关于领导者的短案例吧。

（短案例的梗概：主人公中途进入了一家由一个社长领导的新兴企业。他头脑清晰且勤勉，别人对其人品的评价也很好。该企业正在启动大规模的新事业的过程中，他也作为一名管辖一个地区的事业部长，去指挥该地区事业的启动工作。但是他上任之后，却发生了从和本部的同行之间无法互相让步开始的各种各样的困难，包括部下的不满、人力的不足、和公司外的利益相关方之间的冲突……结果是，启动事业的预定安排被推后了。尽管被本部和社长严厉地督促，但却几乎得不到必要的支援。）

讲师：请大家试着以5分制，给这个短案例的主人公分别打上之前举出的领导者的必要条件的分数。

横井：（情况真是不妙啊。实际上应该不会升职的吧？也许2分都得不到。）

讲师：大家的评论中犀利的很多。这是因为是别人的事情就可以严厉批评吗？（笑）那么接下来，请大家试着以5分制评价主人公以外的登场人物。

横井：（虽然主人公也很过分，但周围的援助也太少了。平均2.5分左右吧。）

讲师：接下来，请大家试着更改对自己的领导者的必要条件的评价。

横井：（等等，与主人公比起来，自己又怎样呢？如果试着冷静下来思考的话，比起他来自己更不行吧。这样的话……自己各方面的分数也要下降1分左右啊。）

讲师：如何？自我评价有什么变化吗？横井先生如何？

横井：分数明显下降了。

讲师：你认为这是为什么呢？

横井：因为如果试着与作为领导者还有些差劲的主人公比较的话，感觉自己也就这样了。

讲师：也就是说自我评价下降了。但是说就在这30分钟内横井先生的能力就下降了这也是不可能的呢（笑）。也就是说？

横井：……

讲师：难道不是因为与之前自我评价的时候比起来，满足作为领导者的各项必要条件的基准（应有的样子的基准）提高了吗？

横井：是这样的呢。

讲师：那么，为什么基准提高了呢？

横井：因为一开始，我所设定的作为领导者应该有的样子的基准最多就是科长所要求的水准吧。另一方面，因为这个案例中所讨论的主人公是事业部长，当然职位更高，被要求的标准也就更高了。我想这也是一个原因。

讲师：原来如此。也就是因为从“领导者”这个词所联想到的职位不同。除此之外你认为还有没有其他的重要原因呢？

横井：我想，与同组的各位一起讨论各个必要条件的真正意思、必要性更加明确了这一点也有很大影响。即使排除了职位的不同，对于其他的各位比起评价自己也更加严厉地评价主人公这一点我真是感到了吃惊。因为我们公司的事业部长比起主人公更不行。

讲师：刚刚最后提到的事情就是要点。实际上，通过讨论案例之前拜托大家进行的自我评价的结果，基本上就可以知道大家所属的组织的领导者，比如大家的上司的水平。

横井：这是怎么回事呢？

讲师：迄今为止我已经向很多领导者抛出过同一个问题。比如，在大家最初自我评价相对较高的情况下，大家的上司的领导力比社会平均水平低的事例就会很多。大家认为这是为什么呢？

学生 B：自我评价很高虽然也有可能是因为对自己有自信，但难道不更可能是因为一开始就将作为领导应该有的样子设定在一个很低的水平，自我评价就相对宽松，结果自我评价的数字就变高了吗？

讲师：是这样的呢。这样的话，那么这与上司的领导力之间的关系是？

学生 C：将作为领导应该有的样子设定在一个很低的水平，我想是因为离自己最近的上司的水平很低，作为部下的自己则认为领导者有这个水平就够了。

讲师：这确实有联系。尽管看到不行的上司作为反面教材也可以，但是人类有不知不觉就习惯了周围环境的弱点。大家应该都听过“组织不能比其领导者的器量更大”这个说法吧？属于某个组织的人，看着这个组织的领导者每天的言行和行动，会逐渐模仿，不管这些言行和行动是好是坏。这也就成了所谓的组织文化。

横井：（因为最初的自我评价比其他企业的人更高，稍微有点自负。但是与这正相反的是，这是不是因为在我这里，应该有的领导者的水准比其他人更低呢？归根结底，起因是我们公司的领导者水平很低。这哪里谈得上是令人高兴的事情呢，应该是令人羞耻的事情……）

大家的自我评价是怎样的？在评价的时候，作为领导者应有的样子的基准是妥当的吗？

讲师：那么，现在开始的课程是，为了努力做到高度意识到作为领导者应有的样子的基准，应该怎样做才好呢？横井先生怎样认为？

横井：是意识到为了到更高处，不要困在公司内，要多看看外面的世界、接触优秀的领导者、与其讨论、常常以这样的优秀领导者作为基准吗？

讲师：就是这样。就是要与一流的领导者见面。另外，与其他领域的人一起讨论这个话题也是很好的机会。

横井：是的。即使仅仅注意到了这一点，也是今天一个很大的收获。

解说

如果不知道要到达的地点，船也就无法靠岸。如果希望磨炼领导力的话，首先要描绘自己想要成为怎样的领导者，深入描绘其水平的层次和具体的必要条件。这是今后的行动方针。

进一步地，如果不知道从社会的普遍情况看，自己所思考的领导者形象与哪个层级相当的话，就难免成为井底之蛙。而对于了解自己的领导者观念中是否有不足之处，以及目标水准是否合适，与其他人的比较都是不可或缺的。

四、描绘领导者应有样子的方法：将身边的领导者的长处具体化

如果被问到"你的目标是成为怎样的领导者"的话，不知如何回答的人不会很多吗？另一方面，如果被问到"你尊敬的经营者和上司

是”“历史上理想的人物是谁”的话，困难就会稍小一些吧。实际上通过这个就可以看到你自己想要成为领导人的形象。

然而，只是说“自己尊敬织田信长”就结束的话，思考就不会深入。这个领导人怎样的侧面吸引了你？尽可能将这个方面的必要条件具体化也是必要的。

进一步地，深入发掘为何自己重视这样的必要条件的理由也很重要。是因为其符合自己重视的价值观吗？还是因为强烈感觉到这样的必要条件对于解决每天面对的困难状况很有必要呢？愈明确其理由，自己向着想要成为的样子努力的倾向就会愈强。到此为止是个人层面的工作。

五、描绘领导者应有样子的方法：与他人分享从而意识到一些事情

通过与他人分享一些自己提炼出来的领导者的必要条件，就能够知道彼此之间的差距，意识到各种各样的事情。为了享受多样性的好处，以4~5人小组试着进行应该会有效吧。

为了高效地完成这一任务，我们准备了稍大的便笺纸，请大家各自将自己认为重要的领导者的必要条件写在便笺纸上，每一项用一张便笺纸，写好之后贴在白板上。只要每个人平均写5张便笺纸，每组写20张便笺纸左右白板就满了。

经常被举出的有代表性的必要条件有“提出愿景”“制定高目

标”“诉说梦想”“带动周围的人”“发挥自己的作用”“最大限度地发挥自己的能力”“发挥主观能动性”“环境整备和资源分配”“正确传达自己的意图”“以别人容易理解的方式说明”“体谅别人”“好问”“让人思考”“给人干劲和力量”“教育别人”“有洞察力”“有说服力”“有解决问题的能力”“有历史观”“有先见之明”“有独创性”“有理解多样性的能力”“知识和人脉丰富”“有很强的信念”“有不会动摇的主心骨”等。

除此之外，诸如“有热情的”“有激情的”“冷静的”“诚实的”“谦虚的”“有很多想法”“器量很大”“开放的”“积极向上的”“公平的”“不逃避”“顽强的”“严格的”“责任感很强”“达到目的的积极性很强”这样的说法也出现了吧。

接下来则是以组为单位将这些必要条件分成3类左右。这时候大家一边贴上和揭下便笺纸，一边以小组为单位深入讨论。

经常出现的分类方式中，“关于提示方向的必要条件”“关于对他人的影响的必要条件”“关于领导者的能力的必要条件”“关于领导者自身的人性的必要条件”等较多。

正如“经营是请他人成事”这一定义所述的一样，将必要条件大致分为关于领导人个人的和使组织向着目标前进的就可以理解了。只是，重要的并不是知道正确的分类方法，而是能够通过与他人的分享、讨论注意到自己没有考虑到的必要条件，通过分类注意到自己重视怎样的侧面。

六、描绘领导者应有样子的方法：自己意识到应有的水平

即使举出了领导人的必要条件，在这些必要条件之中也还是有诸如“出成果”和“育人”这些必须常常以二律背反追求的条件。如果想要使其同时成立的话，就要求有非常高水准的判断和行动。作为领导者，比起其他所有因素，这种强烈的自觉会给予根据各必要条件设想的水平层次感，即对领导者的自觉水平以更大的影响。

那么怎样做才能知道自己设想的是应有的水平呢？在阅读领导者的案例故事并与他人讨论其领导力的基础上，与自己所整理的领导人的必要条件相对照，再评价这些领导者应该会有效吧。因为如果是别人的事情的话，就可以客观地评价了。

颇有意思的是，即使是评价同一个素材（领导人），其结果也会在很大程度上因人而异。平常在要求不严的领导者手下工作的人，对素材中的领导人的评价就会偏高（宽松）。另一方面，常常在要求水平很高的领导力环境中锻炼的人给出的评价就会自然而然地偏低（严格）。

通过看这个结果，就能够比较准确地判断这个人任职的企业或者职场平常所要求的领导者的水平。通过与他人——可以的话与其他企业的职员进行这样的讨论，就不会成为“井底之蛙”，逐渐将作为领导者应该有的样子的水准设定在一个高的水平。

七、将想要有的行动视作起点

正如第3章中所提到的一样，领导者通过行动被评价。而在很多情况下，领导者的行动会给他人影响，这就是领导力。因而就会在关于冰山模型浮出水面的行动的必要条件（提出愿景、制定高目标、诉说梦想、带动周围的人、发挥自己的作用、最大限度地发挥自己的能力、发挥主观能动性、环境整备和资源分配、正确传达自己的意图、以别人容易理解的方式说明、体谅别人、好问、让人思考、给人干劲和力量、教育别人等）中锁定自己认为重要的。而为了实现这些必要条件，则最好转过头来试着思考拥有怎样的能力和意识（自觉）。

八、领导者“应该有的水平”和组织文化

在和企业职员班上的各位谈话的时候，曾听他们提起："在最近的职员身上感受不到干劲和想要成长的愿望，怎样做才好呢？”应该能想到导致这一现象的各种各样的原因吧。只是，即使是在谈起这些的职员身上，也都感觉不到好胜心。

组织的成员必然会看着领导者，模仿其不论好坏的言行、行动。这就会逐渐成为组织对事物的看法和思考方式，也就是组织文化。面对“领导者在自己思考的基础上，也被作为追随者的组织成员所看见”这一现象，领导者是否能有很强的自觉就成了大问题。而关于领导者自身的对

于自我成长的态度也是个问题。

一旦基于丰富的实务经验不断成功而在组织中爬到高位，有可能成长的愿望就会渐渐停滞。这样的领导者，事到如此即使再被提醒“想要成为的领导者形象”，想要思考这个问题的冲动应该也不会涌上心头了吧。但是，即使是这样，追随者也不应该忘记仔细观察这样的领导者的态度、行动。

正如“组织不会变得比其领导者的器量更大”所描述的一样，以很高的水平思考并描绘领导者应该有的样子、为自己也逐渐向这种样子靠拢而不惜努力的领导者所带领的组织能够成长和发展。而停滞的领导者所带领的组织就会持续停滞不久衰退。拥有这一自觉，也就是站在了磨炼领导力的起跑线上。

专栏：作为反面教材的“居酒屋症候群”

看起来像是精英的一群中年上班族在居酒屋占好位子喝酒，看起来好像是大企业的部长们。其间流露出对自己公司高层领导的不满：“因为头儿不指明方向，我们部门也不能决定方向。”

在其他居酒屋，看起来像是科长的一群人果然也在倾吐对公司的不平、不满：“我们部长根本就不行。因为他没明确表示部的方向，我们也确定不了科的方针。如果下级确定了方向又会顶撞上司，这真是不堪忍受。”

在另一个居酒屋，年轻职员则提起了精神：“我们科长到底在想什么啊。真希望他早点下决断，尽说明的责任啊。如果不这样的话，我们也行动不得。如果这样的状态持续下去的话，我们不得不考虑直接告诉更上级。”

事实怎样暂且不论，这样的意识现在在很多企业蔓延。患了这种症候群的管理人员和职员共通之处有以下2点：

• 认为自己是不幸的，不幸的原因在于他人（组织中的上级，最高到董事级别）——他责意识。

• 对组织的方向，上级（最高到董事级别）没有明确表示（说）完全。

尽管后者是上级（最高到董事级别）的问题，但实际上前者的他责意识也是一样的。为什么呢？因为组织成员每天看着上级的言行，好的坏的都加以模仿。这与看着家长养育长大的孩子是一样的。因为上级有他责的言行，部下也就采取了同样的行动样式。所谓“组织不会比其领导者的器量更大”也正是说的这件事。

九、总结

深入向下发掘自己想要拥有的领导者的必要条件，就会明白自己看重的价值观和在工作上感觉到必要的事情。明确这点，提高领导力的倾向也会增强。

同时，和他人分享、讨论这样的自己直观的认识也很重要。因为通过与他人的比较，就会产生对自己不足之处的自觉、知道应该有的水平、涌起向上之心。

关键词

- 领导者的必要条件。
- 应该有的水平。
- 组织不会变得比其领导者的器量更大。

客观看待现在的自己

案例

一、情况设定

足立敏夫已经入职某精密机械厂商20年，取得了在中南美洲设立当地法人等业绩，现在作为上级科长，带领着十几名部下。因为想要上到更高的位置，在商业学校上领导力课程。

二、今天的主题

• 通过别人的评价，知道自己的长处和短处。

• 通过彻底的自我反省，意识到成为自己行动的原因的意识和价值观。

三、开始上课

讲师：今天的主题是“客观地理解自己现在的样子”。大家认为对于理解自己现在的样子来说，首先要看自己的什么比较好呢？

学生 A：就像在冰山模型中一样，肉眼可见的除了行动没有其他了。所以首先就是要掌握自己行动的现状。

讲师：是这样的呢。那么，怎样才能掌握这一现状呢？

学生 B：我想靠自己检查是最正确的。

讲师：你们认为自己能够看到自己每天的行动吗？

学生 C：我有这个自信。因为我总是努力做到有意图地行动。

讲师：本来人类的行动中就有有意识的行动和无意识的行动，即使是有意图地行动，这在他人那里会有怎样的反映，又会是另一个问题呢。

学生 D：确实如此。也就是说要试着打听他人是如何看待自己的行动的。

讲师：大家认为不管是谁，在看同一个人的同一个行动的时候看法都会差不多吗？

学生 E：我想平时总是在身边的人能够看到的方面最多。比如直接隶属于的上级和同一个部门的同事和部下之类的。

讲师：在上课之前，我已经事先请大家的上司、同事、部下评价了大家的行动，也就是所谓的360度评价。现在发给大家量化为分数了的定量评价的结果……足立先生，你看着这个结果，感觉如何？

足立：说实话真的是很惊讶。因为特别是从部下那里得到的评价比预想的要低。明明每天是那样因为他们的事情而烦恼，他们却完全没有理解我的感受。现在我的“相信部下就可以了”的感觉在动摇。

讲师：尽管足立先生似乎对360度评价的感受比较负面，但是如果转换视角的话，这次的结果之中也潜藏着足立先生的成长可能性。

足立：？

讲师：所谓比预想的评价要低，是说比起自我评价，他人所给出的评价更低吧？

足立：是的。

讲师：但是，应该不是所有项目都是这样的吧？难道没有比起自我评价，他人评价更高的项目吗？

足立：有的，尽管很少，但还是有几个这样的项目。

讲师：这样你就能掌握自己没有注意到的长处吧。

足立：确实是这样的呢。因为他人给出的评价中，分数相对自我评价更低的项目占压倒性多数，之前我没有注意到怎样才能解释得分较高的项目。

讲师：另一方面，比起自我评价来，他人给出的评价中得分较低的项目较多，也就意味着自己所认为的有意识的行动在对方看来并不是这样的，也就是说还有不足之处。认真地把握这一事实是很重要的。

大家如果得到了这样的结果，会有怎样的感受、怎么反应呢？

讲师：接下来将把从给出评价的各位那里得到的评论交还给大家。请大家试着读这些评论，再次进行关于这次定量评价结果的思考。

（部下所给出的评论中，根据事实具体地写着足立有哪些不足之处。足立也深切感到，尽管自己本意是想要考虑部下，但却根本不知道他们心里所想的和他们的烦恼。写在这里的评论绝不是对自己的批判，而是希望自己变成更好的上司的期待。在热泪盈眶的同时，他也感到对不起部下。）

讲师：足立先生，如何？

足立：我感觉到不好意思。通过读这些评论，我领会了仅凭数字结果没有注意到的事情。这些评论是部下给我的礼物。我想自己一辈子都会将其好好保管的。

讲师：这正是起点。基于肉眼可见的行动，他人是怎样看待自己的，与自我认识是否一致？如果两者之间有差距的话，这又是为什么？客观地知道自己的现状是很重要的。

接下来想让大家试着思考的，是作为行动根本的自己的意识和价值观。对于正确理解自己的内心而言，这是不可或缺的工作。大家的“进入公司以来最忘不了的体验”是什么呢？请尽量写出开心的事情、尽管很痛苦却完成了的事情等。

请各位读者也尽量详细地写出自己的体验。

讲师：那么现在就请足立先生代表全班说一说自己的体验。

足立：因为好像已经无法复述当时的想法，所以在这里就朗读一下写下的东西。

（足立朗读写下的关于自己的体验的文字。）

讲师：真是不错的文字。那么就请从这一体验中探寻价值观吧。足立先生只要还活着就一定会坚守的信条和绝对不会让步的事情是什么呢？

足立：……

讲师：因为我想抽象的问题答起来也比较困难，所以说是与体验相关的事情就好了。你还是学生的时候一边通过打工赚学费一边上大学，还参加练习严格的美式橄榄球社。这是为什么呢？

足立：我小的时候父亲因病去世，母亲一边工作一边独自抚养我和妹妹。因此，我想进入一所好大学，在一家稳定的公司工作，让母亲轻松一些。从我决定上大学的时候起，我就已经决定了要自己挣学费。

讲师：那么为什么参加美式橄榄球社呢？这也不太寻常。

足立：当时我想因为是自己赚钱上的大学，就想好好学习多学一些东西。但是不仅如此，我还想在身心上都变得强大，成为一个能靠自己的力量生存下去的人。所以，尽管时间很紧，但我还是想同时学习文武两道。之所以选择了美式橄榄球社，则是因为大家都说这是我所在的大学里要求最严格的社团，我想这对锻炼自己很有好处。

讲师：通过想象像刚刚所说的话，可以认为足立先生的志向是“自立”吗？

足立：确实。我感觉“自立”这个词正合适。

讲师：那么，从自立这个角度出发思考，进入公司以后怎样呢？

足立：入职以后，我想要早日独当一面的想法也非常强烈。我想，自己召开学习会也是其一个表现。尽管也给予后辈一些指导，但在指导的时候对他们说的也是“路是靠自己走出来的”。

讲师：这之后你主动申请去中南美洲，帮助建立在当地的据点，其用意又是什么呢？

足立：因为必须要早点出成果的愿望很强。这也许也是一种自立。

讲师：另一方面，听说你最初几乎不能将工作交给中南美洲的职员，从他们的自立这个视角来考虑，你如何评价这一点？

足立：不能把工作交给他们这一点上，我也许阻碍了他们的自立，只是我对这一点也十分苦恼。

讲师：也就是说你有希望他们自立的想法。

足立：岂止是有而已啊，我去中南美洲也是因为想要创造一个当地的人们能够工作的地方，让他们知道只要努力就可以不靠援助自立生存下去。因为这也正与我少年时代的亲身体验相通……

讲师：这样就感觉到足立先生只要活着就会坚守的信条之一变得很明确了呢。在此我还想继续提问，就是你还有没有其他很看重的信条呢？对于足立先生而言，贯穿学生时代和工作以后的生活的，绝对不想失去的东西是什么呢？

足立：……

讲师：在足立先生所说的内容中有经常出现的话，请试着想起来。

足立：……是伙伴、信赖吧。在美式橄榄球中，有触球而直接与得分相关的位置，另一方面也有只管与对手碰撞的朴素的位置。如果不尊重并相信在各个位置上认真的队友的话，作为一支球队就出不了结果。我自己在当队长的时候，最害怕的也是失去信赖。为了不让情况变成这样我拼死努力。

在中南美洲也是完全一样的。当地人认为我们这些日本的工作人员只是为了晋升才来的罢了。怎样才能让他们了解我们不是这样的，得到他们的信赖呢？这就只有自己率先示范，做出对他们而言有益的结果。我绝对不允许自己不能做到这一点，也就是不能得到当地人的信赖。

讲师：感谢你说出充满热情的想法。但是，凭这些，难道不是已经基本看得到你自己的信条了吗？将这些信条整理成语言如何？

足立：已经相当明确了。如果将我根本的信条化作言语，那就是我想靠自己的脚站起来活下去，一个人如果努力的话就可以开拓道路并自立。同时我想要重视与伙伴之间的信赖关系，对我来说与伙伴之间的信赖关系是绝对不能失去的东西。自立与伙伴的信赖，这两样东西是我只要还活着就会置于最根本位置的信条。将自立和伙伴的信赖置于比其他任何东西都重要的地位是我只要还活着就会坚持的信条。

请试着从自己的亲身体验将自己的信条和看重的价值观整理成语言。

讲师：十分感谢。那么现在请足立先生试着将重视的基本行动和期待的成果也整理成语言吧。

足立：只有信条不行吗？为何有连行动和成果也要思考的必要呢？

讲师：因为尽管信条是必要条件，如果不明确重视的基本行动的话，就到不了具体行动的层面。而且，通过明确期待成果，就会知道对自己而言变成什么状态是最开心的，这样评价也会更方便，向着成果前进的动力也会涌上心头。

足立：原来如此，是行动吗？但是，怎样思考才好呢？

讲师：这个也是从亲身体验出发，探索自己选择的行动特点的共同点就会看到的。你在学生时代以文武两道为志向，而且是选择了被评价为要求严格的美式橄榄球社。尽管语言上有劣势，你还是选择了去中南美洲上任。将这些事情中共同的行动特点整理成语言的话会是什么呢？

足立：原来如此。我想是“挑战”吧。尽管我自己认为挑战高于自己能力的事情是理所当然的，但因为身边讨厌挑战的同事确实也不少，所以这应该也可以说是自己的行动特点吧。

讲师：还有其他想说的吗？

足立：还有就是在与老师您的对话中意识到，不管是在美式橄榄球社还是在中南美洲，那时都几乎没有举手的人。自己似乎不仅仅是想要挑战，还是想要挑战别人几乎没有做过的事情和新的事情。因此，把我看重的基本行动整理成语言，就是“挑战人们几乎不做的事情和新的事情”。

讲师：很好。你通过这些基本行动所期待的成果又是什么呢？

足立：这就是我的信条之一的拥有自立生存的能力。

讲师：也就是说自立也是足立先生的信条和所期待的成果。此外，思考“拥有自立生存的能力”这一最终期待的成果，有没有可以靠自己稍微设定的地方？挑战其他人没有做过的新的事情，达到怎样的状态足立先生会开心呢？达到怎样的状态才会涌上继续挑战新的事情的动力呢？思考这些也是很好的。

足立：……这就能拥有“成长的实际感觉”。我自己也是这样的，对公司的年轻职员和当地职员也是一样的。因为我总是强烈注意他们在何种程度上有成长的实际感觉。

讲师：是的。到现在为止已经出现了好几个构成了足立先生重视的价值观的关键词了呢。即使稍微花点时间也没关系，请试着意识到这些关键词间的关系，并将自己重视的价值观结构化。

试着将自己的价值观结构化吧。

足立：整理了一下我看重的价值观，大致如下：

“我想靠自己的双脚站起来活下去。一个人如果努力的话必然可以开辟出道路，可以自立。同时我想要重视与伙伴间的信赖关系，对我而言与伙伴的信赖关系是绝对不能失去的东西。自立与伙伴的信赖，这两样东西是我只要活着就会置于根本地位的信条。基于这个信条，我将挑战人们没有做过的新的事情视作重要的基本行动。作为从其中期待的成果，我常常想要感觉到能够拥有成长的实际的感觉。这与强化拥有自立生存的能力的信条相关联，能够让我有从心里充实的人生。”

讲师：非常好理解呢。足立先生，现在的心情如何？

足立：心里很痛快。似乎可以拥有自信地活下去了。

讲师：这可真好。今天从大家自己的亲身体验出发，弄清楚了诸如“自己为什么而感到喜悦”“自己绝对不会允许的事情是什么”“在每天日常工作重视什么”的问题，并向下深挖，将自己看重的价值观整理成了语言。仅靠知道“因为人不会轻易地转变自己的价值观，所以老实地按照这个价值观活下去就行了”这件事情，心里也应该变得快乐。

解说

在明确应该有的样子和他人的客观评价之外，还有一件重要的事情，即自我反省。以哪里为起点、要改善什么、应该要延伸什么，这些如果不了解自己的话就都不会知道。

这个时候不可或缺的就是试着将自己重视的价值观整理成语言。尽管经过数十年的人生，学生时代和进入社会以后都肯定积累了不同的经验，但是却基本没有意识到是以什么为轴的，也有的是被别人指出才第一次意识到的。提供这样的机会，也与再次客观看待自己有所关联。

四、对自己的现状的分析

如果能够描绘自己想要成为的样子，那么下一个要做的就是对自己的现状进行分析了。这时必要的视角是，“自己要分析什么”（what）和“用怎样的方法可以了解自己”（how）。

首先，关于分析自己的什么，用到冰山模型中的“是行动吗”“是能力、知识吗”“是意愿、意识吗”这样的切入口去把握就会易于理解。在前一节的“应该有的样子”中，我们将对人们有影响力的行动视作起点，而在现状分析上也是同样的，在行动上加上分析就很好。从这里出发，重复询问为什么的话，就会向下发掘能力、知识和意愿、意识。

其次，关于用怎样的方法了解自己，则有以“别人是怎样看待的”这一别人给出的评价为材料深化内省、用彻底的内省更加明确自我认识这2种方法。以下就这2种方法做出说明。

（一）以他人给出的评价为材料的方法

他人给出的评价的代表是360度评价。所谓360度评价，就是请上司、同事、部下之类的在这个人周围的人们评价想要测试的项目，包括想要这个人拥有的能力和意识及态度是否反映到了行动上等。虽然基本是定量评价，但加上了评价者给出的评论的话，就会成为对这个人更有效果的反馈信息。同时，本人也会就相同的项目做出自我评价。

360度评价的有用之处在于在他人给出的评价和自我评价（自我认

识）之间有差距的时候，就可以注意到自己之前没有注意到的点。至于自己认为自己已经做好了的事情，如果他人给出的评价不好的话，就可以知道自己的意识并未充分体现在行动上。本人有好好掌握为什么产生了这样的自我和他人认识差距的原因的必要。因为这会成为改变行动的契机。相反地，也有自己认为基本没有达到、没有意识到的侧面得到他人高度评价的事例。通过这个就可以注意到之前没有看到的自己的长处。

除了360度评价之外，也有诸如从知道“年少时候的自己”的人那里，得到关于当时自己的显著行动和长处的具体反馈、评价这一方式。通过借助他人的帮助，就能够想起自己忘记的侧面，积极的侧面会变得显眼，就能够积极地重新捕捉自己的价值观和特长。

实际上360度评价中最能抵达人心灵的，很多是评价者为了对方的成长用心写下的具体的评论。

（二）彻底进行自我反省的方法

在此想要说明内省自己现状时回顾过去的方法，还有以他人为镜客观审视自己的方法。在此特别试着以确认作为表现出来的行动的意识、态度、价值观的方法为中心进行思考。因为所有的行动都是以这些意识、态度、价值观为起点，这些对于了解自己而言是不可回避的。

（三）创造回顾自己的过去的环境

苹果公司的创始人史蒂夫·乔布斯在斯坦福大学的毕业典礼上发表

的著名演讲的其中一节就叫作“连接点与点的故事”。就是说即使过去经历过的事情是一个个分散的点，在将来也必定会连成线。通过相信点与点在将来的什么地方会联系起来，就会产生自信。不管是谁，在年龄和经验逐渐增长的过程中都存在着很多点，重要的是要强烈意识到它们是点。进一步说的话，就是要从一个个点中发现看起来与将来的动力会有所联结的“积极的意义”。

那么，以怎样的视角回顾过去会比较好呢？让我们一起试着思考具体的回顾方法吧。

一个是想起感动的体验和发生过的让人快乐的事情，并试着深入发掘自己为什么在那时感动了以及为什么会觉得快乐。从这一过程，比如创造新的事物、对人有用、能够实际感受到自己的成长、能够得到很高的金钱回报等等中，看到自己喜悦的源泉究竟是什么。发现自己喜悦的源泉是同一样东西对于使自己迈向未来是不可或缺的。

另一个则是回顾困难的体验和受挫的经历。在逆境之中支撑着自己的是怎样的思维方式？绝对不能让步的事情是什么？在这些之中可以看到自己价值观的主轴。此外，受过很大挫折的经历和从中学到的东西，对于之后自己的生存方式产生很大影响的情况也很多。比如，由于东日本大地震的受灾经历，无论主动被动，自我审视了价值观的人都一定不少。

不管是感动的经历还是处于逆境的经历，对象都没有必要一定是工作上的。既然幼年和学生时代的经历会促进之后自己的价值观形成，那个时候追求梦想的记忆更强，那么理所当然地，回顾工作以外的经历就是必须要做的。

另一方面，回顾工作上的经历也很重要。比如试着回顾进入公司以来在工作上感动的经历和遭遇逆境的经历，将其中作用于自己的价值观转化为语言。这是提炼出自己个人重视的价值观的工作。

（四）以他人为镜照出自己

这是以尊敬的上司、自己认为是很好的指导者的前辈、尊敬的经营者、历史上的人物等对自己而言有影响力的人为镜，再次审视自己的方法。

首先要从选择会成为引发自己深深内省的镜子的对象开始。简单地寻找的话，灵活运用历史人物的传记和关于著名的经营者、领导者的书籍应该就可以了吧。因为尽可能找到更多的人充当镜子会更好，所以如果时间有限的话，看介绍了很多人物轶事的书应该正合适吧。

从书中登场的众多人物之中，选出多个作为领导者与自己有共鸣的人物，首先将其理由整理成语言。比如，选出关心伙伴、努力就有回报、相信人的可能性、深入考虑、持续创造新事物、守约定、有很强的责任感、有很强的好奇心与探究心、不服输、谦虚、对他人表达感谢的意愿、对国家有责任感等气概。所选择的是领导者重视的价值观，实际上，你感到有共鸣的这些价值观也就是自己重视的价值观。

这样，在用历史上的人物作为镜子看到了自己重视的价值观之后，接下来就要对其进行深入发掘，思考“与有共鸣的领导者相比，自己不足的点在哪里”。

通过以他人为镜，就会在很高的层次明确自己作为领导者想要成为的样子，并确认与其相比现在自己的不足之处在哪里。下一步就是明确为什么会产生这种差距。

五、总结

明确了作为领导“想要有的样子”之后，接下来就有必要正确地了解自己的现状。通过360度评价等，确认自己的态度和行动是怎样为周围的人们所接受的。来自周围的评价和自我认识之间存在差距是常有的，知道这种差距，会产生使自己作为领导继续进步的动机。

此外，要通过彻底的自我内省，试着将自己看重的价值观整理成语言。不拘泥于与工作的相关性，通过回顾过去感动的经历和遭遇逆境的经历，再次确认自己的价值观并将其提炼出来就成为可能。

关键词

- 360度评价。
- 回顾。
- 感动的经历 / 遭遇逆境的经历。

填补差距

案例

一、情况设定

山田亚由美进入一家大银行供职已有15年。作为负责法人营业的职员，去年升职到了科长级别。因为通过跑腿进行的营业已经变得难以通用，而关于投资计划和开拓客户，顾客则提案要求解决式营业，所以她来听领导力的讲座。尽管山田也听了到目前为止的讲座、描绘了想要成为的领导者的形象、听了上司和同事通过360度评价给出的评论，却感到和其他听课学生相比环境似乎有些差异，似乎有些隔阂。

二、今天的主题

- 如何填补想要成为的领导者形象和现状之间的差距。
- 用 OJT 学习时候的要点。
- 用 Off-JT 学习时候的要点。

三、开始上课

讲师：今天将要探讨的是如何让自己实现向想要成为的领导者形象的成长。以解决问题的口吻来说的话，就是关于“想要成为的样子和现状之间的差距的填补方法”。首先，实现自我成长的手段有哪些呢？

学生 A：需要学习呢，比如 OJT 啊研修啊。

讲师：大家认为 OJT 和 Off-JT 哪个更有效果？

学生 B：果然还是 OJT 吧。因为最后不应用在工作中就没有意义。

讲师：根据作为领导力的研究机关而闻名世界的 CCL 的调查结果，促使学习的主要原因中最多的是“经历考验”，其次是“带有挑战性的课题”。这两个原因都显示出，负担很重的经历尤其有助于学习。只是我想，即使人有同样的经历，之后却还是有的学习好有的学习不好，那么学习好的人有怎样的特征呢？

学生 C：我想好好回顾经历的人学得也会更好。

讲师：认真回顾经历的人为什么就能做得这么好呢？

大家能够很好地回顾的时候是怎样的时候呢？

学生 D：难道不是因为把回顾当作习惯吗？

讲师：我们常常说 PDCA（戴明循环）很重要，而回顾就是其中一环。但是，我想弄错了自己应该回顾什么的事例好像也很多。山田小姐在回顾什么呢？

山田：是否达成了预算的目标。首先是结果。

讲师：其中特别重要的是什么呢？

山田：目标明显没有达成的时候，为什么没有达成？回顾其原因是很有必要的。

讲师：那么，回顾原因还顺利吗？

山田：稍有不足。经常确定不了原因，惹得上司发怒。

讲师：上司只是发怒吗？没有给建议什么的吗？

山田：本来比起追溯原因，严厉斥责的就是没有找到原因的这一结果。

讲师：这样不管到什么时候，有意义的 PDCA 都无法在组织内生根发芽呢。在此所说的所谓有意义的 PDCA，正是伴随着可以从经历之中学到的、与今后有所联系、有意义的而回顾。你认为为什么上司只是斥责呢？

山田：难道不是因为是根据结果来负责的吗？

讲师：但是我想就凭上司对山田小姐的管理方式，不管怎样也出不了结果。山田小姐现在为什么而烦恼呢？

山田：营业没有像预想的那样出成果。

讲师：怎样才能出成果呢？有和上司谈过这个吗？

山田：以前有用上司建议的方法营业过，但却没有出成果。因为环境完全变了，所以上司的成功经验也就不适用了。这之后，上司就没再给过建议了。

讲师：也就是说上司也没有导向成功的营业过程的印象了吗？话说你从事的是怎样的营业活动呢？

山田：尽管开拓新客户很有必要，但因为连见面的机会都拿不到，所以很多时候是被既有客户要求处理不满之类的被动对应活动。

讲师：因为山田小姐自己也没有营业过程的印象不能行动呢。也就是说本来与今后相联系的回顾就是不可能的。你知道这是为什么吗？

为什么没有行动过程的印象，就不能进行有意义的回顾呢？

山田：……

讲师：能否进行有意义的回顾实际上在行动之前就已经决定了。以成功的营业过程面对，也就是带着设定出根据因果假说得出的成功意图行动的话，就会自然而然地想要验证这个因果假说是否正确。这就是与之后有所关联的有意义的回顾。

本来应该进行这方面支持的是上司。如果上司对导向成功的过程没有印象的话，就必须与部下一起对其进行思考。如果不这样做的话就是把事情全部甩给别人，无法进行过程管理。当然结果的评价也就只能用简单的"通过"或"不通过"进行，不管经过多久都无法从经历中学到东西。

山田：原来如此。我知道到目前为止是什么不行了。

讲师：另一方面，如果看重成果的话，也先确认一下从经历中学到更多东西的事情吧。为什么看重成果能学到的东西也会增加呢?

听课学生 E：因为经常具体地思考为了成功而准备的过程。

讲师：想要有好的结果的意愿愈强，那么在预想的结果没有出现的时候就会愈感到后悔，想要彻底弄清楚过程的哪里是有问题的。这就可以深入学习。此外，认为必须要出成果而让自己加把劲也提高了自己所面对的考验和挑战的程度。正如在 CCL 的调查结果中也有的一样，愈提高考验和挑战的难度，从中得到的收获就愈多。所以，看重成果是很重要的。

听课学生 F：平常人们常说成功经历很重要，那么这与重视成果就可以学到更多东西之间是不是有什么关系呢?

讲师：人们常说如果重视成果而导向了成功的话，这就会变成成功经验，增强这个人的自我效能。尽管所谓自我效能，就是为了出某个成果而预想怎样行动才好（结果预期）和对自己有这种行动的力量的自信（效力预期）这两个要素的乘积，但是从成果学到的东西是这两者之和。此外理所当然的是，如果早出成果的话，也有被组织给予新的成长机会这一好处。

听课学生 F：理是这个理，但也有不接受现有工作的情况。在这个时候，难道不只能在其他工作中摸索自己想做的事情吗?

大家是不是也有这样的经历呢？在这样的时候，又会以怎样的态度去面对呢？

讲师：这也就是“青鸟症候群”呢。非常遗憾的是，如果不尽自己最大能力去做好眼前的工作、不重视出成果的话，就会放弃学习的机会，同时也不会真正知道自己喜欢什么、向着什么了吧。

听课学生G：另一方面，有没有不站在有一定程度的权力的立场就无法学习的事情呢？

讲师：尽管立场和责任会使人成长确实是事实，但是在站在某个立场上之前，如果努力养成站在比自己高一个级别的人的立场上思考问题的习惯，比如如果是系长就站在科长的立场上、如果是科长就站在部长的立场上、如果是部长就站在经理的立场上的话，就能够得到锻炼。

例如，我们时常会听到组织的愿景不明确。虽然从教科书式的视角来看，愿景是组织的头儿应该表示的东西，但没有常常意识到要有愿景的人即使到了那个位置也提不出愿景吧。

讲师：接下来一起试着思考一下从Off-JT中能够学到什么吧。其好处之一在于，能够在非日常的学习中接触到在每天按部就班的工作生活中没有考虑到的主题和事物。山田小姐在试着到外面的学校上课的过程中有怎样的感想呢？

山田：我在大银行上了15年班，人们常常说“世间的常识是银行的非常识”。我有很强烈的“如果不了解外面的世界的话，就无法在之后的激荡的时代中成为有用的人”这样的危机意识。通过与做实业公司的各位讨论，深切感到自己的看法极其偏颇，且视野狭窄。

讲师：通过了解外面的世界就会知道自己与世界之间的鸿沟。这也是知道自己和想要成为的领导者的形象之间差距的路标。即使是同一件事情、同一个现象，根据所属的业界、业种和工种的不同，对事物的看法和把握课题的方法也会不同。尽管这些是业界和公司的成功经验的累积所带来的东西，但是在像今天这样剧烈变化着的时代，竞争规则每时每刻都在变化，成功经验和常识不再适用的情况很常见。正因如此，与不同业界和企业的人讨论，会成为从新的、各种各样的视角来思考事物的训练，十分有效。特别是在限制很多的业界，更是强烈推荐接触更广阔的世界。

山田：还有一个就是，在领导思维方式的基础不同的人和达成共识的过程中也感到受益匪浅。

讲师：现在企业合作之类的与其他公司合作也变成了理所当然的。这要求在各方面开拓公司外的网络、与异质性很高的人讨论及形成共识的能力。也就是说构筑网络和养成人际交往能力对于今后的领导者而言很有必要。

解说

到目前为止已经从各种各样的视角客观审视了自己。为了填补这样了解到的自己的现状和理想之间的差距，怎样做才好呢？让自己向着想要成为的样子成长的，大致可以分为OJT和Off-JT两大方法。

OJT是在每天的工作当中进行的，其中彻底地重视出成果，带着这股干劲反复试错、积累成功经验是很重要的。成功经验如前所述，是能够培育自我效能的，这样的积极评价会和之后的位置一起变得更大——对于渡过难关是很有用的。

这样一边积累经验，另一方面也会通过Off-JT获得广阔的视野。常常以世人的目光相对化自己经历的成长与具体化下一个目标亦会有联系。

四、从经历中学习

填补想要成为的样子和现在的自己之间的差距就是实现自我成长。根据故事中举出的CCL的研究成果，促成学习的主要原因中，“经历考验”占34%最多，以下依次是“有挑战性的课题”占27%，“从他人处学到的东西”占22%，“其他的事情”占17%，人们通过经历学到了很多事情。

那么，只要经历考验的话，就可以和大家一样成长吗？在此想要举出2个能力、知识完全一样的年轻职员的例子，他们的经历也完全一样。但说起1年后这2个人的成长程度是否相同，事情却不是这样的，他们的成长程度存在差距是很常见的。其中既有只有一点差距的，也有差距很大的。那么，是什么带来了差距呢？那就是面对经历的方法。

从经历中学习的过程可以分解为以下几步。顺利地完成这一过程的话，就可以将经历和成长结合起来。

• 准确地进行自我分析并正确认识：本来，如果不好好进行自我现状的分析的话，也就不会有想要从经历中学到东西的态度吧。

• 积极地把握考验和困难：人们常说"考验只会找上那些能够克服它的人"，想让逆境正好成为让人成长的绝佳机会，就要积极地重新把握事物。也就是即使要直面着眼前严酷的现实，还是要相信自己的可能性，即未来绝对能够成事。

• 彻底考虑，有明确的意图再行动：面对课题，首先必要的是用自己的头脑彻底地思考，在此基础上带着意图面对一个个行动，自然而然地对结果的意识就会提高。如果对结果的意识提高的话，在没有出现预想的结果的情况下，就会变得想要追溯为什么事情会变成这样的原因。这样就可以学到东西。

• 将回顾 / 学到的东西整理成语言：如果不明确回顾中注意到的地方和学到的东西，将其整理成语言的话，就不会促进理解，与接下来的行动也联系不起来。

• 教给他人学到的东西并自己实践：通过教给别人在经历中学到的东西，自己的理解也会加深。通过自己实践，学到的东西在自己心中也会确定下来。尽管常说"转变意识"，但是知道意识是否变了的唯一方法，就是看行为习惯有没有变。

接下来，则是关于在这个学习循环过程中自我成长遇到的难处的一些思考。

五、注重成果、掌握成功经验

在经验之中，成功经验可以显著提高人的可能性。首先，成功经验会给予人以自信。此外，通过回顾成功经验而掌握出成果的工作过程，还可以提高再次成功的可能。如果成功的话也能得到组织的信赖，下一次会被给予新的挑战机会。同时通过重复这样的积极的经验，自己想要做的事情也会变得明确起来。这样，成功经验就能够带来好的循环。

但是，与靠经济景气市场就会扩大的时代不同，现在得到成功经验的机会本身正在变少。事业正如人们常说的“千三”（1000次之中只有3次左右顺利）一样，是基本不会成功的。这样，成功经验的好的循环就基本无法启动。

那些自信、工作的形式、来自组织的信赖以及想做的事情都没有找到，并将没有找到的原因都归罪于组织、满是不满的人十分显眼。而光顾着追逐自己也许还有其他想要做的事情这一幻想、反复进行逃避现实的跳槽、陷入青鸟症候群的人也很多。

正因为身处这样的时代，从年轻的时候就开始注重成果、向现在被给予的机会注入全力的态度更加必要。竭尽全力去做也是使工作变得快乐的窍门。认为现在的自己就是所处位置最幸福的人、自己提高紧张感着手应对问题，是拥有积极态度的秘诀。而之后还要不逃避所面对的课题和困难，绞尽脑汁地将问题考虑清楚、不中途放弃地行动。没有出成果，却去肆意给自己是否喜欢这项工作以及这项工作是否适合自己之类的问题下判断的话，不管经过多久也无法顺利得到成功经验。成果和实绩自身就会成为很强的个人力量。

六、为了提高自我效能的回顾

正如在第2章中已经提及的一样，阿尔伯特·班杜拉（Albert Bandura）提倡自我效能，即人类能够对外界产生影响、导出所追求的结果。自我效能可以分为预测为了得到某一结果采取怎样的行动才好的能力（结果预期）和自己有进行这一行动的能力的自信（效力预期），而提高自我效能则需要以下4个要素：

- 驾驭经验（成功经验）。
- 代理经验。
- 语言说服。
- 生理状态。

关于最重要的原因驾驭经验（成功经验），如前文所述，正因为身处很难拥有成功的实际感觉的时代，对现在在眼前的机会投入全力、重视成果的态度才更加重要。

而对于加深自信而言，另一个重要的方面是对回顾的态度。如果转化视角的话，很难拥有成功的实际感受是因为达成目标的门槛很高，基本达不到。如果看商业领导的回顾的话，“某某事没有做到”这样的语句占压倒性多数。当然，回顾没有做到的理由也是有益的。但是希望大家试着想象一下，如果只是这样回顾没有做到的理由的话事情会变得怎么样？在某种意义上，这是连续的自我否定，很容易就会与丧失自信相关联。这也是回顾过程中常常陷入的陷阱。

那么，重要的是要以怎样的态度回顾呢？即使没有达成目标，所有的努力、投入等也肯定并非一无是处，更不用说并非什么努力都没有做。在努力而前进这一侧面，坚持自我肯定的积极态度是非常重要的。在此基础上还反省不足的部分的话也很好。

无论如何都对行动进行否定评价的态度并不只是在内省的时候会出现。每天的沟通和评价他人时候的态度带有批判性的也很多。而被这样的领导者所领导的组织则是不堪忍受的。如果虽然批判，但同时提出有建设性的代替方案或者提出改善方案的话还可被拯救，如果始终只是批判则组织，能量只会被一味地夺走。领导者内省的特征并不仅仅影响领导者本人，对组织环境也会产生影响。

专栏：在拥有正式权限之前先通过指导后辈锻炼能力

在开始担任管理职务的商业季，常常有如果有正式权限（position power）的话工作会更顺利这样的幻想。但是，在这样的状态中，正式权限的效力是有限的。如果过度信奉权威的力量的话，拥有正式权限的时候就会大肆宣扬这一权限，而组织的成果反而会变得出不来。

而为了使事情不变成这样，在拥有正式权限之前，先形成个人能力和关系能力是很重要的。如果锻炼好了这两项能力的话，即使应有正式权限也不会将其乱用，而能够有效果、有平衡地好好利用。

那么，在担任管理职务之前，有哪些场合可以被认为是能够锻炼个人能力和关系能力的机会的呢？这样的绝佳机会（经历）就是指导后辈。

从年轻的时候开始就掌握了“对工作的基本态度”（重视成果等）和“作为组织人的基本”（先由自己向对方实施等）的人，在很多情况下会在后辈进入公司的时候被任命为这些后辈的指导者。这也可以说是管理职务的前哨战，是之后构筑权力的基础。

如果被要求负责指导后辈的话，希望大家抓住不用权威而是用人性给予人以影响的训练机会，并通过这一训练，拥有关心他人、深化对他人理解的基本态度。这样的话，之后担任管理职务，拥有正式权限的时候基于信赖关系领导部下也会变得可能。这是因为在持续给予他人影响力的方面不可或缺的人性这一权力基础形成了。此外，后辈应该也会变得谦虚，而能够学会正确地理解上司要求的事情吧。

介入后辈的事情同时也是客观审视自己不成熟的点（他责的态度

等）的最初的机会。还能够知道，从他人处收到反馈对客观地看待自己的权力基础及其有效性的重要性。

为了指导后辈，有回顾自己工作类型和过程以及将其整理成语言的必要。这与深化对自身的专门性和工作对社会的意义也有所关联。通过与他人的关联，能够知道成为权力基础的专门性的深化方法和形成志向的方法。

七、从 Off-JT 中学习

到目前为止，已经考虑到了对商业人的学习最有影响的工作上的经验的重要性，与将所学与成长相结合起来这一点。尽管通过工作来学习进入了所谓 OJT 的范畴，但大家也还是试着稍稍思考一下在工作以外的场合学习的 Off-JT 吧。

Off-JT 的效用具体来说是能够个别学习聚焦于具体想要强化的能力和知识的项目。而作为 Off-JT 的场合，具有代表性的是聚集着公司内同事的企业研修和公司外的其他行业的人们的商业学校。

最近的企业研修中，在通过课程和讲座训练了经营的一般规律和思考能力之后，讨论自己公司的经营课题、为经营提建议的形态正在增加。由于在经营中被采用的提案内容会在现场实行，这可以说是打破了 Off-JT 与 OJT 界限的实践型的学习形态。

在公司以外的商业学校上课之类的事情的效用如下。

（一）模拟体验经营

班杜拉指出代理经验是形成自我效能的方法之一，而在企业研修和商业学校中能够模拟体验经营则是案例方法之一。

这是假设自己是经营者，基于实际的企业事例进行经营判断的模拟体验的学习方法。通过实际的企业事例细致分析经营环境，讨论应该采取的战略和对作何决定的打算。在这一过程中学会“经营的一般规律”、培养“思考能力”。此外，通过积极地说出自己的想法，“将别人带进来的能力”（传达力）也会得到锻炼。通过多次反复进行案例方法，能够扩展三大能力，与提高自我效能相关联。

（二）与公司外的人讨论

公司外的商业学校的魅力在于不管怎么说都能够和各种各样的行业、企业的领导者讨论、交流。

通过与公司外的人们讨论、交流，具体可以期待的益处如下：

- 通过与各种各样的行业接触，知道社会的潮流（打破向内的志向）。
- 通过接触不同的、多样的视点，视角更高、对事物的看法有广度。
- 异质性、多样性会促进对自己公司和自己的身份的理解。
- 通过与没有利害关系的其他公司的伙伴（成员）分享烦恼涌出力量。
- 通过与志向高远的其他公司领导者接触受到刺激。
- 结成与公司外的领导者之间的网络。

像这样通过在公司外的商业学校学习，可以期待“经营的一般原则”“思考能力”“将别人带进来的能力”，及应在其核心的“志”之类的个人能力和公司外的网络构筑所带来的关系能力的增强。

在这个环境急剧变化、既有的框架每天都在不断变化的社会之中，不变得内向，而是常常向公司外伸展触角、抱有关心的态度变得更加重要起来。像是公司外的商业学校这样的地方的价值肯定比以前更高了。

八、总结

填补想要成为的样子和现状之间的差距的方法有 OJT 和 Off-JT。

通过 OJT 进行的学习，尽管以 PDCA 的循环为前提，但是为使其成为有意义的东西，在行动之前进行因果关系的假说、重视成果，以及将回顾、学到的东西整理成语言等都是很重要的。

特别是重视成果、积累即使是很小的成功经验相当重要，对向着成功而努力积极地进行自我评价、培育自我效能在用所学的东西成长方面变得重要。

在 Off-JT 中，模拟体验经营、与各种各样位置的人结成交际网络很有用。

关键词

- 成功经验。
- 自我效能：阿尔伯特·班杜拉。

第5章

发挥领导力

第5章的概要与构成

一、概要

本书第4章介绍了如何发掘自己的领导才干。本章将围绕日常工作中如何发挥自己的领导力这一问题的要点与实践中经常遇到的难点，以及如何去克服它们进行展开。

在这里，我们要在步骤中把握作为领导所应有的行动。使其更具实践性、更具可行性。这里笔者所说的“动态”是指 PDCA。

此外，这一循环不局限于组织上的领导，当对他人做工作时，每个人都应引起注意。因此，下文所述的内容不论个人的工作性质或职位等级，均可适用。

二、要点

（一）目的、目标的明确与共识

领导员工的出发点在于明示目的或目标，将其在所有成员中达成共识。然而现实中，成功的标准往往比较模糊，有时还面临着一些难处，比如自己也无法认同为目标做出的努力、明明想要告知员工目的或目标却因自己的判断失误而无法在所有人当中达成共识，克服这些问题便是关键所在。

（二）计划提出

目的、目标达成一致后，接下来就要制定关于截止日期、人员安排等具体内容的计划。但不能一项工作自己全盘承包或全盘委托他人，应给予员工一定的权力下放，追求提升空间，这一步的难度比较高。

（三）实践与回顾

当前动员交流与事后回顾中均存在几点难处。动员员工需要“影响力”这种对他人心理的理解。在回顾阶段，作为领导应注意不要陷入自身的心理陷阱中。

目的、目标的明确与共识

案例

一、情况设定

军司智子就职的公司是健康护理行业的中坚企业，今年已经是她在这里工作的第13年。最近，她被升为科长，成为营业部某一小组的领导。她开始有了自己的团队，也有了一定的业绩要求。

二、今天的主题

- 计划实施前的第一步是明确目的与目标，将其在组内达成共识。
- 这一过程中的难点与对策。

三、开始上课

讲师：今天，我们通过实际案例来讨论如何发挥个人的领导力。接下来我将在时间轴中有意识地分解各个步骤。那么，为什么我们要分步考虑呢？

请各位读者思考。

学生A：我认为有了分步意识才能更好地落实到行动上去，便于回顾自己的领导行为在哪一步有亮点，便于再现有效的领导行为。

讲师：不错。那么大家在开始行动的时候，最先考虑什么呢？

军司：是不是自己的能力呢？

讲师：思维有点跳跃啊。不错，考虑应当采取什么行动的时候，从这个视角确实也可以检验自己的想法。但是最开始的时候我们要考虑的是什么呢？

军司：目标？

讲师：能结合您自身情况说明吗？

军司：下周我打算为开发新客户而努力。之所以这样想，是因为我感觉目前为止，本季度的营业目标达成有点困难。营业额目标是促使我行动的起点。

讲师：对您而言，达成营业目标意味着什么呢？换言之，您为何一定要达成这一目标？

军司：如果不完成数额目标，就无法承担我作为组长的责任。这样一来，便不能加薪，升职也无望，而且也不能给底下的员工涨工资。

讲师：所以对您来说，完成营业目标会令您“兴奋”吗？

军司：……倒是与数值目标无关。说实话我觉得我有一种义务感。

讲师：除了升职加薪外，您还有其他必须完成营业目标的理由吗？薪水这类经济报酬不能算是作为长期动机的重要因素。

大家都是为何而努力达成目标的呢？

讲师：话说回来，您为什么选择了现在的这家公司呢？

军司：这家公司生产的商品独一无二，这种关怀他人健康的经营理念引起了我的共鸣。

讲师：如果您现在工作的这家公司消失了，您认为谁的利益会受损呢？

军司：……健康护理行业的竞争者不少，相似产品也能很快面市，所以说实话，消费者应该没什么损失。

讲师：现在这样说的确是没错，那么以后应该怎么办呢？我想听听您的意见。

军司：这点与我之前提到的就业动机也有关系。我公司虽然比较小众但也从事医疗用品相关，我们拥有的技术与开发水平使得我们同时拥有生产独一无二商品的 DNA。

讲师：若是贵公司在创新型研发与商品开发上失利，谁会利益受损呢？

军司：世界各地的消费者总是出于信赖而购买创新性产品，对于他们来说损失是最大的。哦，我明白了。我之前总是思考怎样才能产生短期成果，却没想到这一步。今天真是如醍醐灌顶。

对于自己公司所具有的社会意义这个问题，大家都怎么看？

讲师：当前，一些对手企业能够在短期内仿制商品并夺取市场。然而，重要的是自身的走向，即自我存在的意义。这是促使我们持续跨越多重巨大障碍的能量源泉。那么，大家认为定点观测自身意义时的指标是什么呢？

军司：比如营业额、利润、市场份额之类的东西吧。

讲师：正确。接下来请大家谈谈这堂课的收获。

军司：作为一名领导，关于为什么一定要达成既定目标，若是不完成将会损害到谁的利益这些问题，如果自己不能理解这些大义、目的的话，便不能转化成持续运转的能量。在此基础上，作为实现目标的指标，我们必须要设置一些具体的小目标。

讲师：非常好。如果领导自身不思考达成营业目标的这一目的，便不能感受到“兴奋感”。领导一旦失去了这种“兴奋感”，属下的员工便更无从感受了。这一点很重要，请大家牢记。那么让我们接着进行下一环节。领导脑海中已经完成了对目标（what）与更高一层的目的（why）的归类，那么下一步难在何处？

学生 B：如何将它告知自己的员工，让他们为之行动。

讲师：有一些领导为传达目标而费尽心思。那么难处究竟在哪里呢？

大家怎么看？

军司：再度登场，不好意思（笑）。像刚刚课堂上提到的营业目标，将数字明示员工的确很好，但一些定性目标，比如谋求营业活动的高效化等问题，不容易传达给员工。

讲师：营业活动的高效化是指？

军司：处于当下时局，全公司都必须减少人工成本。这样一来，如何才能用少量的人工成本换取营业成果呢？

讲师：您说的不容易传达给员工具体是指什么呢？是关于这一背景或目的吗？还是关于如何制定营业高效化的目标呢？

军司：两方面都有。但是关于后者，虽然我也和底下的员工谈了并做了决定，但就为什么一定要走这条路这点，我自己也不清楚。

讲师：您明确和员工们说了当下的情况了吧？

军司：我跟他们说了现在公司就是这样一种情况，必须这么做。他们想想公司的现状大概就会明白的。

讲师：问题就出在这里。军司女士作为领导，当然非常清楚经营现状和严峻现实，但相对而言，她的下属员工们掌握的此类信息实在是少之又少。即使真正做到了信息共享，他们对问题的严重性的理解也得视其资历而谈。

军司：每个人所看到的世界都是不同的，解释信息的能力也各有差别，这一点我深有感触。但说实话，我这么忙，他们应该也明白吧。

讲师：希望对方理解自己的繁忙，这大概是真心话。但不知您注意到没有，这样一来就会给下属员工散布一种负面情绪。

军司：您是说这样会营造一种上下级难以沟通的氛围吗？

讲师：您很明白嘛（笑）。军司女士，下班时是否经常有员工把难以解决的问题交给您带回去做呢？

军司：对啊！我下班时候一定会把那些问题带回家加班的。

讲师：您白天总是很忙的样子，难以和员工沟通探讨。但到了傍晚下班，却是进退两难了呢。这种时候，问题总是变得更难解决，情况变得更加复杂。其实，为促进相互理解，营造一个便于上下级沟通的环境是很有必要的。但您自己切断了这条路，自然而然会在目标和目的上与员工产生龃龉。

军司：是我自作自受啊……我又一次深刻认识到问题全出在自己身上。

讲师：刚才我们讨论的是有关领导正确将目标传递给员工的难点。那么，做到了正确传达目标，就万事大吉了吗？就目标共识这一点，大家还有什么想补充的？

军司：员工的干劲儿。

讲师：对员工个人而言，意义或受益感是十分必要的。在刚才的对话中，军司女士表明对社会的贡献感是动员自身的源泉，但感受到的喜悦却是因人而异。军司女士，您的员工都会为何感到高兴呢？

请大家思考，自己的员工都是什么类型的呢？

军司：大概可分为3类。第1类人会为别人的感激而高兴，第2类人总喜欢自我挑战，第3类人为自己的成长而高兴。

讲师：如何才能使目标或目的成为每位员工的快乐源泉呢？

军司：就我自己而言，面对第2类人，我会告诉他“比起竞争，我们更关注的是世界上人民的健康，我们想成为值得他人感谢的存在。为实现这个目标，我们要运用高科技开发创新性产品，送到各位消费者手中。这些产品实际上给人们的健康带来莫大的帮助，而你负责的工作就是不断将这一事实告诉消费者”。

讲师：很好。面对剩下的2类员工，也请您认真思考。这样一来，上司便不再是单方面的说明，更能引导员工自身思考得出答案。无论你进行怎样逻辑化的说明，都无法清楚地了解对方心里的接受情况。这样一来将这些说明转化成对方自己的东西，只有自己思考，转化为语言，才能有之后的行动。

为了让员工了解、认同公司的目标、目的和你自己的目标，需要有针对性地真诚沟通。尽管如此，领导毕竟很忙，重点就在于如何花费最小沟通成本却能达到效果。大家认为需要有什么样的意识呢？

学生C：为同一视点，需要养成日常信息共享的习惯。

学生D：难道不是理念共享吗？回顾本次课程，我学到了企业存在的意义，即大义观念。我认为这一点应该在上下级间达成共识。

讲师：那么，理念共享应何时、怎样实施呢？

大家的公司里有哪些共享的理念？

学生 E：正所谓“趁热打铁”，员工新入职时给予他们一定的时间来重复理解本公司的理念不是很好吗？事实上，新人来我们公司实习的时候，一开始人事部部长就会向他们说明我们的企业理念。

讲师：很多公司都有这种理念说明的机会，但在此之前是不是还有要做的？比如说录用时选择符合本公司企业理念的人才。

军司：但是，应聘者数量太多了，一个人一个人判断的话不太可能。

讲师：贵公司希望招募什么样的人才呢？就这一问题您是否和下属员工达成共识了呢？

军司：……人事那边表示希望选拔能够一起进行工作的人。

讲师：从结果来说，贵公司招到了符合自己企业理念的人才了吗？

军司：希望和自己一起工作的话，意味着选择符合自己价值观的人吧？

讲师：正是这样。但贵公司看重的价值观是什么呢？

大家的公司看重的价值观是什么呢？

军司：让我谈这个，一时半会还真找不出合适的词。更别说自己组内达成共识了……

解说

可以说，作为一名领导，最重要的使命就是完成组内的目标。这时候，将目的、目标明确告知成员并与其达成一致这一环是不可或缺的。

然而，很多情况下这一环并不能做到尽善尽美。即使在同一家公司，员工每个人也都有其个性，有的人能够很好地接受目的、目标，而有的人却不能很好地理解，也有的人面服心不服。

有时候，作为领导，自以为传达到了，事实却不尽人意。上下级之间平时获得的信息存在层次上的差距，其资历的不同又决定了理解能力的偏差，而我们经常会忘记这一前提性差距。

更有甚者，没有向员工明确成功标准究竟是什么。苦恼于为何没有传达到员工那里之前，需要分解各类原因去看。

四、目的、目标的明确化

正如第4章所述，作为动员人或组织的领导，其起点在于“描绘未来蓝图”，即明确行动的目的、目标究竟是什么。如果目标不明确，就不知道应采取何种行动去实现它，也无法回顾评价这些行动的性质是好是坏。而且，我们也要铭记，不明确目的，便难以动员他人。

然而现实中，我们无法做到完全像理论一样尽善尽美，我们会经常遇到一些困难。下文列举了两例。

（一）成功的标准模糊不清

会议的低效率经常引起人们的热议，这种生产效率低、激起员工不满情绪的会议，实际上其目的、会议结束时间等具体的标准经常是模糊不清的。

或者说，日常工作中会使用“课题”这个词，为解决这一课题需要怎样的状态？类似于顾客的投诉这种明显的课题可以了解其解决办法，但若是不明显的课题，不明确成功的标准则难以解决。那么具体应如何实现呢？更进一步，如何判断其实现的标准呢？这些需要领导自己做到内心明确。

（二）自己无法接受目的、目标

即使明确了目的或目标，也难以仅凭这些动员他人。其难点有两处，一为行动的意义，二为领导自身对此是否能够理解。

比如说，经常有如下情况：经营者没有做过多明确说明，但目标营业额却降至最低。这一目标的必要性、达成该目标如何接近自己公司的愿景……这些问题需要领导自身充分体会、赋予其意义并将其向员工表达，这一点十分重要。

但是，也总是有领导在自身没有理解的情况下接受目标设定，并直接转告下属员工。这样一来便无法与员工达成共识，而且无论是对自己还是对员工而言，都无法产生主动自发的能量。如果作为领导，自身就没有兴奋感，那么员工的积极性也难以产生。

然而，由于经济长期不景气，当前日本企业多面临裁员或资产抵押，许多企业难以规划出雄伟的蓝图。约翰 · 科特举的一个例子就是不恰当的蓝图规划——比去年增长〇〇%。沿着过去的延长线制定计划或预算，以其为行动指南、专注于成本减少、降低员工积极性、促使其不安等问题便会出现。

稳妥的愿景规划要点在于“增加兴奋感”“大胆明快”“有实现的可能性”“意识到时间轴”等内容。当然，现在也有很多日本企业充满活力与积极性。

五、向员工传达、共享目的与目标

“经营就是动员他人达成某一特定目的”。正如这一定义所示，领导者不可能凭一己之力行动，从而达成目标。目标越高，就越需要借助他人的力量，发挥最大强度。只有团队整体万众一心才能取得最后的成功。

在借助他人之力这个问题上，作为领导需要自己明确目的或目标，并将其正确告知其他成员，使其理解。与此同时，需彼此达成共识，引发其积极性。其难点有以下两处。

（一）自以为传达到了，现实却差强人意

“我都那样详尽地说明了目的及背景，为什么你还是理解不了呢？就这点事，赶紧给我弄明白啊，我这边还忙着呢！”你曾有过这样呵斥员工或后辈的经历吗？原因应该是因为自己太忙，为提高沟通效率而单

方面说明，将剩下的步骤完全依赖于员工的理解能力。这是作为领导所犯的一大错误。

那么，也有这种情况：拿出充分的时间向对方说明，可对方还是不能充分理解或出错。这是由于领导和员工之前存在着资历与立场的差异，看待事物的视角或解读信息的能力不同引起的。因此，即使100%将信息告知对方，也会产生理解上的差异。最近，有的公司倾向于将经营信息透明化，与全体员工共享。但这样会因信息理解不同而产生分歧，所以还是不要过于全面透明化为好。

告知信息不代表万事大吉，还要确认对方是否真正理解了这一信息。确认的时候最好要求对方用语言表达其对于目的或目标的理解。

（二）就目的或目标无法与员工达成共识

在目的或目标的实现这一问题上，若自己都不知道其意义，积极性便会大打折扣，也会对最后的成果产生较大影响。然而，不少领导对此并不十分关注，或利用权威强制，或单靠强调工薪报酬来动员。但是，这样做往往得不到好的效果。根据弗雷德里克·赫茨伯格的激励保健理论，金钱等因素确实能消解妥协带来的不满，但并不能提升对方的满足感或积极性。他认为产生激励的五大因素在于成就、赏识、工作本身、责任、个人成长。

对于对方而言具有什么意义这件事如何思考呢？作为领导，需要了解员工会为何感到高兴、其重视的价值观是什么等问题。但是，这些问题可能员工本人也不清楚答案，需要通过适当地询问来促进员工本人的内省。从过去感到高兴的事中，发掘对方为何感到高兴或喜悦，发掘其价值观的源泉，最后促使员工通过语言表达出来。一旦这些问题得到明确，我们就能了解如何将新工作的目的或目标与员工本人的价值观相结合，同时也促使员工本人在领导的帮助下明确这些问题。

也许你现在才意识到上述问题的重要性，这一系列流程从作为领导需重视的价值观发掘、工作目的、目标连接，到赋予其意义，都具有同样重要的价值。因此，作为领导需将自己的心路历程运用到与集团成员的沟通上，并促使他们觉醒。

六、总结

作为领导，其实也有很多疏忽的地方。比如激励员工时的出发点、明确行动的目的或目标、将目标告知员工、与员工达成共识等。

我们常见的难点有4处，分别是：成功标准的模糊不清、领导本身没有接受工作的意义、没有真正将问题传达给员工、关于目的和目标没有和员工达成共识。

作为领导，无论在哪个环节出了差错都会导致这些问题的出现。需要我们思考应采取的行动、对共同行动的成员进行细致的关怀。

关键词

- 成功标准。
- 共识。

计划提出

案例

一、情况设定

辻川宏目前就职于一家以民营铁道运营为核心的股份有限公司，是统领旗下企业某部门的主管经理。他曾就职于多家公司，今年42岁。高桥幸惠今年39岁，目前在某教育产业的理念开发部门任科长一职。这两个人都已在目前的位置上做了多年未有进展，最近报名了这一面向升职的领导力课程。

二、今天的主题

- 为目标达成制定具体计划。
- 本步骤的注意事项。

三、开始上课

讲师：目标达成共识后，我们进入下一阶段——为达成目标制定的实施计划。计划提出时，作为领导应优先考虑什么呢？

学生 A：截止日期、人员安排、怎样安排等具体计划。

讲师：谁来安排这些事情具体化呢？

辻川：根据我的经验，我作为领导，基本上是当仁不让。因为最后一切还得我自己负责，所以我绝对不施加给他人。

高桥：一切都亲自操办的话，辻川先生想必有些吃不消吧。像这种情况的话，我都会安排任务给我的员工。

讲师：原来两位的情况截然相反。那么先从辻川这边开始来。您是完全不分配给员工，全都自己承包的一派对吧？这样做有什么优缺点呢？

大家都是什么类型的呢？请大家思考各类的优缺点。

辻川：就优点而言，在这一领域我的经验最丰富，能够制定出非常稳妥的计划。比起安排他人，这样能让自己放心。缺点的话，会让自己非常忙，增加自己的工作量，有时候也会吃不消。

讲师：您时间方面是怎样的呢？

辻川：这样一来我就没时间挑战新事物了。虽然我很想尝试一些新鲜事物，但因为有很多事要紧急处理，没时间去考虑新事物。

讲师：还有别的缺点吗？既然您作为一名领导，做出成果的时候也会有一些必须亲自处理的事情吧？

辻川：那就是培养员工了。但是，我认为仅仅给他们分配任务算不上培养。他们没有完成任务的能力的话，是做不出结果的。我们的角色是领导而不是学校，要求的是结果。若是员工达不到被分配任务的水平，我会让他们先好好学习相关知识。

讲师：您以前也说过“人要从经验中学习，这一点是最重要的”。当然了，要根据工作的重要性、危险性，以及员工的能力来决定是否委任。而且，就算委任，每个员工的委任程度也各有不同。辻川先生，您有没有曾部分地将工作分配给您的员工呢？

辻川：没有这种情况。如果是部分分配的话，就需要我详细记录该过程，那就太麻烦了。还是我自己去做更快一点、更有乐趣。要是分配的话，就会100% 分配。

讲师：100% 分配是指什么呢？现在，让我们把目光转向全权委派员工的高桥。高桥先生，您是从计划提出这一步开始就全部分配给员工了对吗？您会参与审核吗？

高桥：我已经提前预备了风险对策，会安排经验丰富、细致认真的员工去负责，所以不用一一审核。

大家都会给员工安排什么样的工作呢?

讲师：被安排的员工会怎么想呢?

高桥：我想应该会感到骄傲吧。我对他们说过：“责任能培养一个人。”但是，如果常年都做同样的工作，可能会产生千篇一律的无聊感。

讲师：所以，也有必要给员工一些新的挑战吧?

高桥：虽然道理是这么说，但让员工轮岗还是不太容易。

讲师：即便是做相同的工作，也提倡员工不断精益求精、超越自我。这也能促进整个团队的发展与其本人的成长。这样的例子不是也有很多吗?

高桥：确实如此。顾客的要求在不断变化，我深感我们必须重新审视自己处理问题的方式。但是，我总是没有时间来参与相关进程……

讲师：所以您的意思是，因为您事物繁忙，所以把任务全都分配给了您的下属员工是吗?从短中期角度来看，这样确实能促进员工培养和团队发展，但三五年之后呢?

高桥：确实比较难办。

辻川：听了您两位的对话，我感觉自己和高桥先生都掉入了同一个陷阱中。我认为员工资历尚浅，而且亲自指导又太花时间，即使把任务分配给他们也做不出成绩来。所以，我只让他们做目前的 ROI（投资回报率）相关工作。这样一来，无论过多久都无法培养出合格的员工。

讲师：不要只从短期生产性视角去看工作分配问题，我们也要注意到人才培养这一重要视角。给一个拥有能力值为100的人安排值100的工作，是无法促成这个人成长的。我们要注意时常给他们一些挑战机会，工作分配也是作为领导的责任之一。

辻川：虽然从短期来看，人才培养与成果创造这两件事存在矛盾，但只要超越了这一困难，就能得到长期的发展。

讲师：是的。那么下面我们就要讨论，计划制定的工作分配时需要注意的要点是什么？换言之，其难点在哪里？

大家将制定的计划分配给别人时需要注意的点有哪些？

学生 B：我认为最重要的一点在于制定风险应对措施。

讲师：明确风险在于两个方面，一是风险出现时的应对，二是风险尚未出现时的事前计划。还有其他的答案吗？

学生 C：除此之外，我认为双方应提前确认计划实施阶段的困难之处。

讲师：也就是说，将实施阶段的困难与应对之策具体化。以及还要确认有无遗漏之处，这一审核工作应如何确保呢？

大家都是按什么标准判断计划的可行性的呢？

学生 B：作为被委任的一方，必须在明确完成目标的步骤、难点的基础上才能进行核对。

学生C：在制定计划时必须考虑风险应对，因为我们不一定总能按计划顺利进行，实际操作时会遇到很多问题。

讲师：实践阶段会遇到一些难点和问题，实际上员工会遇到哪些难点呢？

学生C：比如说，其他部门人员总是换想法，这会让他们很为难。为了完成目标，我们需要和其他部门的员工进行合作，但他们经常不配合。

讲师：这一点是事先已经明确的吗？

学生C：确实已经事先考虑过了，但我确实不对此抱太大希望。他们经常自作主张，让我很为难。

讲师：需要别人改变想法，只是适当说明则无法激励他人。如果真的有达成目的的强烈愿望，则需要基于现实制定有效的应对策略。面对与其他部门的分工合作，必须要改变想法的时候，需要优先考虑哪些问题？

请大家思考，与其他部门分工合作而改变想法时，需按照什么步骤进行？

辻川：首先选定特定的对象员工。

讲师：正确。在明确公司行政运行的基础上，需要选择特定的人，比如重要干部、掌握权力的人，或者虽未掌权但拥有实际影响力的人。这有可能不止一个人而是很多人。接下来呢？

辻川：考虑这些人对任务有什么看法，为什么会持这种看法。

讲师：应该关注哪些内容？

辻川：比如对方的业务目标、工作时的优先考虑，安排的任务会对此产生什么样的影响之类的。

讲师：这类人的关注点、难处、工作时的优先考虑、进一步来说，他的性格或价值观、公司内的人脉等。以此为基础，接下来应该做的是？

辻川：考虑对方的目的。

讲师：具体来说？

辻川：……

讲师：这里有两个方向。一是表明为激励对方这一目的，你可以给予他想得到的东西，强调对于对方而言是件好事。二是你可以向对方表明，对方无论如何都不想失去的重要之物在你的掌控范围之内。这大概会激起对方的恐惧或不安，对他而言不是什么值得开心的事。

辻川：我明白了。其实无论哪种情况，目的都是要营造一种与对方捆绑的状态。受教了，请允许我整理一下思路。

讲师：要点在于制造与对方的捆绑。那么，此处需要注意的点有哪些呢？

高桥：自己能做什么。

讲师：正确，正是自己的强项。这可能是你的职权、专业性或思考能力等个人优势，或者与某位重要人物结成的人际关系网。无论哪点，都会成为促使对方必须与自己捆绑的武器。应该将这一部分加入事前计划中。

高桥：嗯，这样一来应该就会顺利得多。而且我觉得我们已经考虑得这么全面了，对方一定会更用心去做的。

讲师：不少企业在创新问题上停滞不前的原因就在这里。措施得不到贯彻和实行，同一个课题花费三五年都不能解决，每年都会引起争论。重点在于计划制定阶段就要认真思考。

高桥：我们公司的上层运营会议上经常听到有人问：你们怎样才能实行这一计划呢？妨碍它的原因是什么？谁阻碍了计划的实施？你们具体是怎么实施的？我现在明白原因到底是什么了。

讲师：如果事先规划好了就能顺利实施，而且实施后也有好处。各位知道是哪些好处吗？

大家也思考一下这个问题。

高桥：啊我明白了，好处是容易回顾实施的过程。

讲师：理由是？

高桥：因为我们在计划阶段已经具体设定了为达成目的将开展的一系列理论，如果没有出现计划中的结果，就可以检验哪部分理论出了问题。

讲师：正是如此。这样一来利于改进接下来的行动，也能在回顾阶段发现问题。实际上回顾阶段的质量取决于计划的制定。

高桥：也就是说，PDCA 与此有很大关联。

解说

为完成目标，需制定具体计划，比如截止日期、人员安排等。决定员工或组内成员的任务是非常重要的。

是将一项工作全部分给员工还是部分地安排给员工呢？若是部分安排，该安排哪些内容呢？人选的决定是否合适？这次的委任是否利于该员工的培养？

全盘委任或全盘承包是最不应该的。然而我们往往会产生这样的倾向。计划安排是一项有难度的工作，需要给予员工一定的放权和追求结果的提升空间。

四、计划提出阶段的要点与陷阱

完成明确目的、目标，与员工达成共识后，就进入了下一阶段——具体计划的制定。这一阶段的要点在于人员安排与审核方式。此外，此处的计划提出不是指较为粗糙的中期计划，而是制订具体的计划。计划中应覆盖接下来的一个季度或半年度内，人员安排、每个人的具体工作进度、日常业务等内容。

计划提出的主体在于工作的难易度、重要性、风险容忍度、紧急程度与对方（员工）的能力、是否委任、合适的人员安排等内容。但也会出现一些失败的情况，其原因在于领导的人才培养意识不够，或者与此截然相反，将工作完全扔给员工，因此没有出现预料的成果，这也会让员工感到痛苦。

（一）全盘承包

诚然，很多领导想要得到一个好结果，也不想冒任何风险。对他们来说，越是有经验的工作，越想要规避风险，因此不会将制定计划的任务交给下属员工，往往倾向于自己解决。这样做确实容易做出比较满意的成果，但却不能达到人才培养的目的。领导自身也会失去一些尝试新挑战的机会。结果，组内成员从上到下都失去了发展的可能性。

然而，也有例外。比如遇到紧急突发事项，需要领导迅速、准确做出决策。这一领导力对于我们来说是十分重要的。

（二）全盘委任

所谓全盘委任，是指从计划制定到最终实施，这一切全都安排给员工来做，领导完全不参与。有时候作为领导过于繁忙，工作超负荷时往往会采用这种模式。

如果员工拥有足够的经验和能力应对这些委派的工作，即使是全盘委任，失败的风险也很小。然而，从人才培养的角度而言，最好是给员工安排一些做起来稍有难度的工作，然后领导从旁协助，这样才利于人才培养。

从这一角度来看，即使是给员工安排一些有难度的工作，但领导全盘委任的话会产生什么后果呢？其实是难以做出令人满意的成果，而且也有较高的失败风险，达不到人才培养的效果。综上所述，作为领导，既没有承担对工作的责任，也没有履行人才培养的义务。

五、权力分配

作为领导，员工的工作安排问题是一个基础性问题。应根据每位员工的能力不同，制定对其而言稍微有点难度的目标，让其参与计划制定到具体实施的每个细节，领导从旁加以协助。人才培养和成果追求二者看起来有些矛盾，若兼顾则需要高超的领导才干，本书第1章到第6章均有提及的权力分配正是以这部分为论述重点，即给予员工主导权，而领导从旁协助。这点与本节介绍的人员安排能力内容上有相通之处。

下面让我们看一下其实践中的难点与重点。

（一）协助员工制定可行性高且具体的计划

将制定计划的任务分配给员工时，应向其明确指出截止日期，必要的时候还可以提出意见，从中加以协助。领导应在日常工作中营造便于沟通的上下级氛围，以便能在计划制定遇到问题时及时沟通。最后要审核员工精心制定的计划。

审核计划内容，基本在于6W1H。具体来说，是要明确目的（why）、人员（who）、截止日期（when）、内容（what）、对象（whom）、具体方法（how）、风险应对策略（what if）。接下来，需仔细确认最终目标的达成（定义达成后的状态）。

员工接下来的流程都会按计划进行，所以审核不过关则会产生后面出现的一系列问题。假使并没有出现预料中的结果，需进行原因分析，如是否按计划进行但产生的结果不在预料之中、忽略了实践阶段的负面因素、针对负面因素的应对措施失误等。但无论何种情况，不管是员工的执行责任还是审核原因，作为领导都要承担自己的责任。

经济上行时，仅凭领导的激励措施得到的结果还有上升空间。然而，一旦外部环境改变，不能套用过去的成功经验，需采取怎样的对策才能取得一定成果呢？这一点必须认真考虑。

当一则方案在团队内发挥作用时，便可以把它当作一个标准。为发挥过去经验的作用，需要制作一定的业务手册。但是，有的方案需关系部署或改革意识，所以不能因循守旧，要设定实施阶段将会遇到的每个负面因素，考虑其应对之策。若面临难度极大、非常规的方案，需要领导亲力亲为参与计划设定，与下属员工共同思考。

（二）协助员工制定动员性高的计划

人被激励而产生积极性的原因，大致可分为下列3种。

• 合理性判断：从逻辑上来说对自己有益或有害。

• 感情、价值观：合理性或功利性占一部分，有时也会被爱、意志、恐惧所驱使。

• 生物本能：受深层心理影响，无意识的反应。

动员他人时，我们往往不太进行事先准备，凭自信去单方面说服对方，或者利用自己的权威迫使对方服从。然而，这种做法完全无视了对方视角的激励政策，难以彻底说服对方。

站在对方的立场进行激励，需认真对待以下步骤。

• 以目标达成为目的选择合适的特定对象。
• 了解对方。
• 为达成动员的目的，可适当运用有效手段或诉诸情理。

首先要选择合适的特定对象。比如有一定职权的人，或虽无职权但有实际影响力的人。分辨支持自己的一方和反对自的己一方。

若对反对方使用某些手段便可达成目标，需重点了解这些人员，清楚其性格、价值观、身边亲近的人（受到的影响）等内容。在此基础上收集信息，思考自己的工作会对此人的工作目标或优先考虑的课题产生什么样的影响，需在计划中加入何种需求或感情。

规划如何利用自己的武器（强项）来接近对方的关注点或需求。比如对方苦于没有办法获得与最新技术相关的信息，自己则可以将这方面信息或其他公司的专家介绍给他。思考如何才能将对方与自己捆绑。

只有通过稳妥的战略和有力的实践才能取得最终的成果。但战略，究竟不过只是一种假说而已，况且当今时代变化迅速，其实不能对成功率抱太大希望。

但重点在于彻底贯彻实行。只有凭借有效率的实践、不断改正的姿态、最高当事人意识与责任感才能走到最后。

六、总结

在制定具体计划这一阶段，我们要回避全盘委任或全盘承包模式。计划要有期限、有实现的可能性，与员工共同制定。

其要点在于严谨的事先考虑。计划要遵循6W1H的要求，具有实现的可能性。

此外，作为领导也会有一些负面情绪，比如对员工的不信任感、百忙之中仔细审核的烦躁感等。我们要努力克服、超越这些负面情绪。

关键词

- 全盘委任 / 全盘承包。
- 权力下放。
- 6W1H。
- 对方视角的激励政策。

实践与回顾

案例

一、情况设定

大野康史在中间广告代理店工作，今年是他在这家公司工作的第15年。他在工作中认真努力，目前任科长一职。大野业务能力与事业心较强，但最近在工作中遇到业绩瓶颈，整个团队也业绩不佳。最近公司面临裁员和理念转换，大野认为，对一名科长而言，要想承担好自己的责任，就必须不断进行商业知识的学习，因此他说服人才开发部门参加了这一课程。

二、今天的主题

- 计划实施阶段的重点。
- 回顾阶段的难点与对策。

三、开始上课

讲师：今天我们学习的内容是为影响对方而在实践阶段须知的人类习性、本阶段面临的易忽略的陷阱、回顾阶段面临的难点。首先，我要问大家一个问题：大家都选择在什么时机开始行动呢？

大野：临近截止日期的最后几天，我都是熬夜工作的。

讲师：您属于暑假作业开学前三天完成的类型（笑）。那么为什么要拖到最后呢？是因为肾上腺素会促使您心情变好吗？

大野：没有没有，实在是太紧张刺激，压力和不安充斥在我心里。

讲师：人类会在不安、恐惧、危机感的驱使下不得不采取行动，这确实是一大原因。除此之外还有别的原因吗？

学生 A：我认为恰恰与此相反。我每踏出一步都会感觉很兴奋，有一种跃跃欲试的心理，属于乐天派。

讲师：有人因不安、恐惧、危机感而采取行动，有人因梦想或希望而采取行动。所以人在动员他人时，要诉诸理与情。

大家是危机感塑造派还是兴奋感塑造派？

学生 A：我不喜欢被不安、恐惧、危机感支配而行动。

讲师：但是我们应该理解，这也确实是人类的特性之一。马基雅维利在《君主论》中也提到了这一点。我最近比较关注进化心理学，其中也提到适当具有恐惧感的人比他人更容易存活，寿命也相对更长。

大野：我认为这得具体问题具体分析。重生和变革一开始都离不开危机感。

讲师：为什么梦想和希望却不行呢？

大野：因为大家追求的是效率，一味地等待梦想和希望，公司会倒闭的，我们首先要做的是止血。也就是说，我们必须要明确认识到这样做会直接导致死亡。

讲师：受制于生存危机而行动毕竟只是一部分，不过迅速地决断、实践是十分必要的。我们要正确认识当前面临的现实状况，不能怨天尤人，而要果断付诸行动。但总说有危机感的话会产生什么后果呢？

学生 A：大概人就会被麻痹，危机意识也会变得薄弱，或者人会变得疲惫，团队会陷入“死亡”状态而停滞不前。

讲师：那么，为了防止这种疲惫，我们该怎么做呢？

大野：若是转变这种氛围，便没有得到利益的实际感觉了吧？

讲师：虽然这只是个很小的创新，但越早进行成功率越高。一个小小的变化却意味着将来成功的蓝图。它能够诉诸积极的感情，充实我们的思考能力与行动能力。接下来，让我们看看实践过程中会遇到哪些难点。

作为领导，大家认为实践阶段哪些内容比较难？

大野：没有出现预料的结果会让我感到不安。

讲师：那您采取了什么措施呢？

大野：我严厉地斥责了自己的员工。

讲师：您斥责了哪些内容呢？请您在这里为我们再现一番。

大野：比如“你们干什么吃的！为什么达不到这个数额！你们知不知道今后该怎么做？”

讲师：真严格啊（笑）。您对员工说这些话的时候，心理是否有什么期待呢？

大野：……

讲师：您说“你们干什么吃的”这句话的深意在于？

大野：因为发现了他们的不足，也就是说，对他们已经没有什么期待了。我已经放弃了，感觉他们不行。

讲师：若是您的员工察觉到了这一切，他们会作何想法？特瑞莎曾说过“对人类而言最痛苦的是别人的无视。”诚然，我们需要具体向对方指出他们需要改进的地方，领导也容易受压力等感情驱使，做出否定他人人格的言行，这一点以后需要注意。当安排给员工的工作没有达到预想的结果时，我们往往会怎样呢？

大野：直接自己亲自接手。

讲师：所有的工作都要这样吗？有的工作也能容忍一点点失误吧？

大野：对员工的信任降低的话，即使有这样的工作我也往往会去插手干预。

讲师：这就是所谓的“平时的率先示范”。这多少有点负面意味啊。

我们要认识到，这样一来回顾阶段就会增加很多难处。说到这儿，我们思考一下，有哪些是必须要回顾的？

大野：目标是否完成，完成或未完成的理由分别是什么。

讲师：也就是说，是否有结果、其原因（过程）。在这里我想问问大家，大家有回顾的习惯吗?

大家有回顾的习惯吗?

学生B：我觉得有点难度。说实话，工作接连不断，没时间仔细回顾。

讲师：这一点我想大家都是一样的。但是养成这一习惯的人和你们有什么不同，你想过吗?

学生B：对那些执着于目标的人来说，即使是周围的人不提醒，他们也会主动去回顾的。

讲师：为什么这类人会养成这种习惯呢?

学生B：他们相信一定会出现预想的结果，所以一旦没有出现的话，就一定会认真思考原因的。

讲师：进一步说，这类人在事前已经考虑到了采取怎样的流程能得到满意的结果。也就是说，他们脑海中已经预设了这一切，往往更容易进行回顾。那么接下来，让我们看看回顾过程将会遇到的难点。

大家认为回顾过程会有哪些难点？

大野：其实审视员工的时候，容易将失败的原因推到环境或他人身上。

讲师：也就是说不能客观地正视现实，不够谦虚。因为人类内心总是想方设法为自己找理由。

学生 C：我的情况恰恰相反。如果进展不顺利，我会完全归咎于自己，逐渐丧失自信。这几年公司的要求也比较高，我经常完不成任务，自我反省，说起来也挺丢人的。

讲师：这属于过分苛责自己，将一切都揽到自己身上。那么我们应该抱有一种怎样的心态呢？

大野：但是，我认为审视自己这一点是很好的，越是这样越能达到令人满意的效果。

讲师：但是，过多的失败会让人产生疲劳感。当然了，坚强是件好事，但也需要一定的自我克制。

学生 C：不能一味地盯着高目标，也要适时给自己设置一些里程碑，有意识地关注自己的进度。

讲师：最近的经济环境比较严峻，成功的门槛也在逐步上升，所以不能因为一点失败就全盘否定自我，要看到自己值得肯定的部分，有一种前进的能量意识是很重要的。人只要努力的方式对了，就一定会前进的，取长补短，方得成功。

解说

动员他人的“影响力”——无论是东方还是西方、是喜欢还是不喜欢，这一点对于理解人类心理都是不可或缺的。而仅凭理论或感情是动员不了别人的。在业绩和成果的压力下，为了动员下属员工或团队成员，适当的沟通是必不可少的。

无论是对领导还是对员工而言，回顾利于发展，但其中也存在着不少难点。有时候即使是理解了，面对现实时往往也会落入圈套。以下是几点注意事项。

四、实践 = 动员对方

“在现实的基础上制定动员计划”这一目的决定着动员他人的基本姿态。也就是说，制定计划时要考虑到对方的关注点或特定需求，将其与自己的武器（优势）相结合，建立自己与对方的关系网。

在这一阶段，按照基本要求就能与对方取得有效沟通。如第2章讲解的“力量与影响”可以在此发挥作用。接下来的部分会说明领导自身或被委任的员工是如何在实施阶段，在直面对手的基础上运用对人类心理机制的理解，来解决面对的难题。

（一）是不安、恐惧（危机感）还是希望

人在激励对方时往往会诉诸情理，但实践阶段会因表达“不想失

去对方”的想法而使对方感觉到不安、恐惧或危机感，或者是一味地考虑“对方想要的东西”，给对方带来希望。那么哪一种选择更合适呢？要具体情况（对方的状态、紧急性、可使用的武器）具体分析。比如说，大企业的改革比较困难，其燃点构成了危机意识。那么具体是怎样的呢？

首先，上级领导会向全体员工告知危机。比如“这样下去我们公司发不了奖金了。必须减薪。不能保证签合同了。”其以经营权这一权威为后盾，利用雇佣问题激起员工的不安情绪。然而，这样做需要有一定的证据，如公司的严峻财务状况、具体市场竞争动向、客户的具体投诉等，需将这些严峻现实摆到员工眼前。

由于卡洛斯·戈恩的措施，日产汽车实现了V字曲线的转变就是一大成功案例。20世纪90年代，日产业绩持续低迷，利润一直陷入赤字状态。然而部分员工沉溺于“技术性日产”的昔日光辉，一直不肯面对这一现实。戈恩就任社长后，将上半年预算中的裁员费用加计到账目上，使日产成为当时股份公司中赤字额最高的企业，这一举动让员工们认清了现实。

一方面，危机感的塑造期越长，人越容易因疲惫而撑不下去。正如“狼来了”这个寓言故事，村民习惯了危机感，反而不再行动了。因此，基于危机感制定措施时，其后的行动要迅速、力求早日做出成果。即使做出的成果很小，只要我们能感受到这是血汗交织的结果，便可以从中获得自信。

在下一阶段中，作为被信赖的领导，需要给予员工正能量。即目标设定中要包含能给人以兴奋感的梦想、希望、愿景提示、能够成为个人喜悦源泉的东西。

就日产而言，戈恩上任后，除快速削减费用外，还关闭、处理了一些工场或销售点，以压缩负资产（资金拼凑）来提高生产率，且降低原价，成本改革一举成功。

这一连串的措施中，各部门的年轻员工、跨职能员工发挥了巨大的作用。通过这些措施，员工们都恢复了自信。另一方面，戈恩接连不断地在媒体头条板块凸显日常的积极形象，使日产东山再起。

（二）人总是喜欢被肯定

无论哪个人，都希望被人重视。比如被他人认可、喜欢、承认自己的价值等。

戴尔·卡耐基提出人被喜欢、被改变的原则中存在以下几点："表示诚挚的关注""让别人真实地感受到他的重要性""永远记得名字对一个人而言，是最动听、最有影响力的词语""在乎听众""表扬""对他人充满期待"等。但反过来说，我们往往会向别人索取这些东西，比如"希望别人关注自己""希望别人觉得自己很重要""希望别人记住自己的名字""想让别人向自己提问""想要被称赞""希望别人对自己寄予厚望"等。

在理解上文内容的基础上接触对方，会达到动员他人的效果。

五、非语言的威力与无意识的激励之6种武器

非语言要素也可能给对方带来影响。美国心理学家阿尔伯特·班杜拉做了一项实验：使用表示好意的词语“谢谢”、表示反感的词语“糟糕”、中性词“请”“还好”等词时，在相反的语调和面部表情下，哪一种情感表达更强类呢？

其结果显示，感情与态度相矛盾的信息表达时，影响他人的要素如下：话语内容本身的语言信息占7%，口吻与语速等的听觉信息占38%，看到的视觉信息占55%。

从这一试验中我们可知，将好意或反感等态度、感情运用到沟通中时，若信息发出者的内容比较暧昧，听者往往会受其音调和表情影响。

定期实施MBO（目标管理）面试，管理者适当表达自己对员工评价的同时，也需要谋求自己今后的发展。因此，管理者本人应基于事实，针对自己力所能及与力所不能及两方面寻求改进。此外，今后还应继续坚持不懈地为之努力。

然而，如果面试的管理者总是做出一副抱臂皱眉的姿态，会让被面试的一方感到压力，即使是表扬也没有一种实际感，最终意志消沉地走出办公室。所以，除了语言，也应认真考虑自己的态度。

除了非言语的威力外，第2章阐述的罗伯特·查尔蒂尼的六大武器也要充分利用，当下，仅凭情理难以动员他人，需要我们进行意识改革。这些武器都会带来巨大的效果，其用法如下。

（一）回报性

• 虽然减薪，但能保证雇佣→为此必须加倍努力来报答公司。

• 从经营者开始削减年薪与奖金→加之以经营责任等合理理由，让员工感受到领导身先士卒的无私精神，也能符合回报性原理。

• 提拔改革工作中的年轻人→让其感受到公司优先给予他们机会，增加其积极性。

（二）委任的连贯性

• 为促成改革，需要让每个人思考行动的意义，将其用语言表达出来→给员工以自豪感，让其感受到自己承担部分的不可替代性。

• 给予曾经失败的员工以新的机会→使其有一种不会再相同的地方跌倒，一定完成目标的强烈愿望。该部分同样适用于回报性原理。

• 唤起员工入职时的回忆、自己重视的价值观→重新唤醒他们的价值观。

（三）社会性证明

• 找出一些虽小但属于早期的改革成功事例→让员工转变思维，产生只要努力就有收获的机遇感。

• 将员工安排到有成功改革经验的领导手下，以推进改革→让其产生跟着那位领导就有机会的机遇感。

（四）关怀

• 针对自己录取的符合价值取向的员工，给他安排一些有难度的工作→让其感受到虽然工作有些困难，但跟着价值观相同的领导就无所畏惧。该部分同样适用于回报性原理。

• 经常与员工沟通交流，营造相互信任的氛围→有了信赖这一基础，在改革中即使领导做出严厉地指示或行动也会取得员工的理解。该部分同样适用于回报性原理。

（五）权威

• 敦促其与相关领域经验丰富的专家交流→依靠其尊重权威的心理。

（六）稀少性

• 限制业绩恶化后的自主重建的期限→选择生或死促使其在有限的时间内加倍努力。

• 通过数字，向员工说明公司处于破产的危机下，资金运转困难→转变员工意识，进行彻底的节约，促使其充分利用有限的资源。

• 削减岗位，培养其竞争意识。

六、实践阶段的难点

下面，让我们来看一下实践阶段会遇到的问题。

（一）不能持续关注对方

比起重视他人，人往往会重视自己，即使我们知道需要站在对方的立场上思考，但往往会形成自我本位的思维与行动。尤其是当对方的行动不能趁自己心意时，便会将目光集中于对方的缺点。这些问题若不改善，会引起消极的后果。

有一种说法叫作“长短同根”，即在一定情况下，缺点会变成优点，消极方面也会转变为积极方面，发挥其作用。结果，虽然不相信对方，一味盯着对方的缺点看，但最终也能促成对方的发展。如果和对方保持一定距离，只对对方表示有限的关心，那沟通也会相应减少。最终，便正如特瑞莎的那句名言“爱的反面不是恨，而是不关注”。

（二）适当运用自己的权威并以身作则

行使权力，从某种意义上来说是很简单的，他人因权力而服从并不代表自己的实力。因此，人一旦有了权力，就容易滥用权力，需要我们提高自律意识。

但权力绝不是一无是处的东西。比如遇到紧急突发情况，必须运用相关权力、权限迅速决断，以强制手段动员相关人员。但若日常滥用职权，员工便会失去积极性，变得被动而失去了独立思考的习惯，或者引发其叛逆心理与内心的反感。根据员工每个人的意识、能力不同，平时应尽量发挥其自主性，创造一个适合他们独立思考的环境。

另一点危险在于平日的以身作则，是指平时完全不运用职权，事无大小都亲力亲为，绝不给员工留有委任的机会。这种情况也是剥夺了员工养成自主性与独立思考习惯的机会，必须加以改正。

（三）控制自己的感情

我们的一言一行都会影响到员工，因此必须照顾到他们的感情。但与此同时，也必须注意控制自己的，它也会给自己的行动带来巨大影响。

情商的高低决定着各种能力（如智力）的运用。感情分为积极感情与消极感情2种类型。消极感情的表现有愤怒、恐惧、不安等。这些都是人类生存中必不可少的内容。然而，若一直停留在消极感情中，思考和行动的选择范围会变得很窄，最终只剩下“逃避”或“攻击”2种选项。为扩大行动选择范围与可能性，无论自己有没有消极感情，都要努力将积极感情扩展到最大。

应对消极感情时，比如当我们处于愤怒状态，可以试着问自己：“生气的原因是什么？”平时训练自己开始愤怒时深呼吸，这种状态便能得以改善。

七、结果回顾阶段的难点

这一阶段易犯的错误为下列3点。

（一）不做回顾

本身就不做回顾是第1点错误，其原因如下。

- 工作太忙，基本没有回顾意识。尤其是工作基本顺利进行时，来自周围的压力较小，便会不重视回顾环节。
- 在事前计划阶段就没有设定可行性高的流程，也就是说，行动缺乏明确的目的性，所以也没有事后回顾概念。因此，不重视、不思考行动的结果与因果联系，也就没有改进的回顾意识。

甚至有的领导忽视员工的回顾行为，这样一来无法进适当的流程管理，也不能协助员工的回顾行为。因此不做回顾是领导的失职。比如有的领导习惯于泡沫经济时期的大环境，无论工作流程怎样都能得到好的结果，因此需要克服这一心理。

（二）自我的合理化、正当化

有的领导即使进行了回顾，也会将自己行为正当化，将一些失败的原因推到别人身上。这样一来不利于工作的改进，也是一大错误。

吉姆·格伦斯的著作《公司的视野2——成功的法则》中提到，摆脱经济长期低迷的企业有一大共同特征，就是“第五水准的领导力”。

第五水准领导力，即结果不尽如人意时，不要关注窗外而是要看向镜子里，反思自己的责任，不考虑他人、外部因素或运气等。与此相反，若取得了一定成就，则要考虑他人、外部因素、运气等因素的作用。企业的问题实际上能反映出自身的问题。我们要时常保持“企业决定领导的胸怀，领导通过企业表现出来”的自觉性。

保持冷静客观是作为领导的一剂良药。人们常说，领导有“谏言之师”，但很少有员工敢对领导直言不讳。团队内存在着利害关系，因此领导也会有为难的时候。因此，面对公司里没有直接利害关系的部门，我们要尽量坦诚，有了意气相投的同事，能使我们的情绪更加热情高涨。越是处于高位的领导，越容易产生孤独感。

（三）事后的反省无法转换为改进的能量

第3点错误在于回顾时一味将视线投向自己做不到的地方，产生过多负面情绪，无法转换成积极的改进力量。适当定一些有上升空间的目标对我们的发展是有益的，但实践阶段往往会遇到一些波折。因此有的人会将其轻率地归结为自己的能力不够、努力不足等自我否定意见中。渐渐地，人就会对自己的能力产生怀疑，产生一些负面情绪，最终成功的欲望也会消失不见。

为了不陷入这些负面的自我否定，我们不能一味地将目光锁定在自己力所不能及的事情中去，要认识到有时一步的前进便可产生巨大成功。我们要多看到这些积极方面，保持自我肯定的心态，肯定自己的进步、成功与努力。分析不足、找出解决对策才是回顾阶段的正确流程。

部分不愿意自我肯定的领导，他们无论是在会议上还是日常工作上，往往会倾向于关注员工做不到的点，经常否定、批评员工。这种负面情绪会导致长此以往员工干劲不足，整个团队也会陷入失去动力的危险。

这个时代富于变化，没有人能轻易获得成功，因此我们要时常鼓励员工，即使多次面对失败，也要发掘推动前进的正能量。

八、总结

计划的实行阶段，需要深刻理解人的心理。关注对方，关心对方的感情是非常有必要的。与此同时，也要注重自我情感的控制。

接下来的回顾阶段中，有几点我们容易忽略的问题，需要引起注意。因此，我们要在目标设定阶段承担好自己的责任，制定具体的计划以便回顾。面对回顾的结果，我们应正视现实，对将来的行动心怀积极的思考。

关键词

- 非语言威力。
- 六大武器：罗伯特 · 查尔蒂尼。
- 不关注。
- 平时的以身作则。
- 直面现实、积极思考。

后 记

有人说："经营管理是一个大怪物！"也有人说："经营管理既是科学也是艺术！"对此我深有感触。因为每一个经营决策都需要兼顾众多要素（内外环境，投效比，人和事，情和理，长短期连锁反应），而每一个要素又都变化多端。经营决策中没有什么万能的工具可以让我们"按几个输入键，就可以自动推导出结论"，更没有什么正确答案可以抄袭。所以企业经营管理这件事就变得万分艰难，初创公司会九死一生，百年企业则成为稀缺品。如何让自己的决策经得住时间和空间的考验，如何在未知和复杂中给"赌博式"的决断增加一些确信？立志成为优秀企业家、管理者的人该如何学习和提升，让自己的经营决策变得越来越科学，越来越艺术呢？顾彼思商学院给出了两个建议：一个是"大道至简"，一个是"抽象和具体"。

“大道至简”说的是，尽管相对于其他科学和艺术，经营管理复杂了太多，但是无论多复杂的事物都有其最关键的核心本质的元素。比如说3C 的这个框架结构告诫我们要根据客户需求、竞争对手、本公司的状况来选择本公司的战场和战术，这些元素在任何行业都应该不会有太大差异，把这些元素结构化出来，就让我们找到了判断决策的重点，避免了因为思虑不周而做出的错误决定（道理很简单，但是做起来却万分艰难，事实证明太多的企业都是因为忘记客户需求，漠视竞争对手的变化而被淘汰出局）。所以管理学专家们倾力将一些原理原则整理成便于记忆的关键字（比如3C），让我们抓住重点，来提升决策的效率。2016年出版的 MBA 轻松读系列就是这一理念下的智慧结晶。这套书也可以说是“至简 MBA”，从思考，战略，营销，组织，会计，投资几个角度，把经营决策的重点元素进行了拆分梳理，用最简单质朴的原理原则把管理的科学和艺术变成可以学习的有规律的结构。这套书一上市就得到了众多读者的好评，也一直在管理学书籍排行榜中名列前茅。

但是，如前所述，经营管理这件事本没有那么简单。行业不同，游戏规则也会有所不同。环境不同，也会让同样决策的结果生出众多变化。要让经营决策这个科学艺术不是偶然的成功，而是可以复制的必然，还需要因地制宜地将这些简化了的工具还原到具体的复杂情境中。所以第二个建议就是“抽象和具体”。通过还原到具体的情境，来具体地理解这些概念工具的背景、适用条件和一些注意事项，才能确保我们正确地用这些工具。说白了，管理能力的提升本没捷径，需要大量试错成本，但是聪明的管理者会努力站在巨人的肩膀上，汲取前人的教训，少走弯路，这就是捷径了。所以 MBA 轻松读：第二辑的重要使命就是要进一步扩充上一个系列的范围和深度，给出更多的商务应用情景去进一步提升知识到能力的转换率。这次的轻松读系列我们聚焦在如何创造新业务的具体情景中，选择了几个重点话题，包括如何设计新业务的盈利模式（《事业开发》），如何用具有魅力的商业计划书来获取资源（《商务计划》），也包括如何驱动众多的人来参与大业（《博弈论》《批判性思维·交流篇》《商务文案写作》），还包括作为领导者的自我修炼（《领导力》）。是经营管理必备的知识、智慧、志向这三个领域的综合体。每一本书都包含众多实际的商务案例供我们思考和练习，我们通过这些具体情境进行模拟实践、降低实际决策中的试错成本，让抽象的理论更高效地转化为具体的决断力。

所以，经营管理能力的提升，是综合能力的提升，这个过程不可能轻松。出版这套书籍的最大的愿景是企业家和管理者们能在未知和复杂的情境中，关注本质和重点，举一反三。企业家和管理者的每一个决策都会动用众多的资源，希望看这套书籍的未来的企业家们，在使用人力物力财力这些资源之前，能通过缜密深度的思考来进行综合判断，用

“知”“智”和“志”做出最佳决策，来最大限度地发挥资源的效果，让企业在不断变动的环境中持续发展，为社会、为自己创造出更大的价值。

用MBA轻松读，打造卓越的决策脑，这个过程不轻松，我们一起化繁为简，举一反三！

顾彼思（中国）有限公司董事长

赵丽华

附录：商务常用缩略词表

缩写	展开	中文
3C	Company Competitor Customer	企业、竞争、市场
4P	Product Price Place Promotion	产品、价格、宣传、流通
5W1H	What Why Where When Who How	六何分析法
API	Application Programming Interface	应用程序接口
APV	Adjusted Present Value	调整后净现值法
BATNA	Best Alternative To Negotiated Agreement	最佳替代方案
BTO	Build To Order	接单生产
CAPM	Capital Asset Pricing Model	资本资产定价模型
CCL	Center for Creative Leadership	创意领导力中心
CEO	Chief Executive Officer	首席执行官
CFO	Chief Financial Officer	首席财务官
CMO	Chief Marketing Officer	首席市场官
COO	Chief Operating Officer	首席运营官
CSR	Corporate Social Responsibility	企业社会责任
CTO	Chief Technology Officer	首席技术官
DMU	Decision Making Units	决策单元
EBIT	Earnings Before Interest and Tax	息税前利润
EMS	Electronic Manufacturing Services	电子制造服务
ERP	Enterprise Resource Planning	企业资源计划
FAQ	Frequently Asked Question	经常被提出的问题
FC	Franchise Chain	特许加盟
FCF	Free Cash Flow	自由现金流
HRM	Human Resource Management	人力资源管理
HRO	High Reliable Organization	高可靠性组织
IMC	Integrated Marketing Communication	整合营销传播
IPO	Initial Public Offerings	首次公开募股
IRR	Internal Rate of Return	内部收益率法
KBF	Key Buying Factors	关键购买因素
KISS	Keep It Simple and Stupid	保持简单和愚蠢

KPI	Key Performance Indicator	关键绩效指标
KSF	Key Successful Factors	成功的关键
LBDQ	Leader Behavior Description Questionnaire	领导行动描述问卷
LED	Light Emitting Diode	发光二极管
LTV	Life Time Value	生命周期总价值（客户终生价值）
M&A	Merger& Acquisition	并购
MBO	Management By Objective	目标管理
MBO	Management Buy-Outs	管理层收购
MBTI	Myers Briggs Type Indicator	人格理论
MECE	Mutually Exclusive Collectively Exhaustive	相互独立，完全穷尽
MOT	Management Of Technology	科技管理
NGO	Non-Governmental Organization	非政府组织
NPO	Non-Profit Organization	非营利组织
NPV	Net Present Value	净现值
ODM	Original Design Manufacturing	原创设计制造商
Off-JT	Off the Job Training	职业外培训
OJT	On the Job Training	职场内培训
P2P	Peer to Peer	点对点
PDCA	Plan Do Check Act	戴明循环
POS	Point Of Sales	销售点终端
PR	Public Relations	公共关系
PTSD	Post Traumatic Stress Disorder	创伤后应激障碍
ROA	Return On Asset	总资产收益率
ROE	Return On Equity	股东资本收益率
ROI	Return On Investment	投资收益率
SEO	Search Engine Optimization	搜索引擎优化
SMART	Specific Measurable Attainable Relevant Time-based	明确、衡量、可实现、相关、时限
SNS	Social Networking Services	社会性网络服务
SRI	Socially Responsible Investment	社会责任投资
VC	Venture Capital investment	风险投资
WACC	Weighted Average Cost of Capital	加权平均资本成本
ZOPA	Zone Of Possible Agreement	协议空间

作者简介

日本顾彼思商学院（GLOBIS）

顾彼思自1992年成立以来，一直以“构建人力、财力和智力的商务基础设施，支持社会创新和变革”为发展目标，推进各种事业的发展。顾彼思商学院作为日本最大的一所商学院，提供全英语教学的全日制工商管理硕士课，全英语、日语教学的在职工商管理硕士课，以及企业高层经理培训课程。如今，在日本众多的商学院中，顾彼思以高水准的课程设计、具有丰富商务实践经验的教师团队，以及高质量的服务水平，赢得社会广泛认可。

译者简介

邓伟权

北京大学历史系日本史博士。译作有《中江丑吉在中国》《异域风情丛书（土耳其卷）》等。

想 象 之 外 品 质 文 字

MBA 轻松读：第二辑

领导力

产品策划 | 领读文化

文字编辑 | 陈乐平

封面设计 | 刘 俊

发行统筹 | 李 悦

责任编辑 | 张彦翔

营销编辑 | 孙 秒 魏 洋

排版设计 | 张珍珍

更多品质好书关注：

官方微博 @ 领读文化 官方微信 | 领读文化